MADRES NARCISISTAS

CÓMO SOBREVIVIR A LAS RELACIONES PARENTALES ABUSIVAS CAUSADAS POR TRASTORNOS DE LA PERSONALIDAD. RECUPERARSE DEL DESCUIDO EMOCIONAL DE LA INFANCIA. UNA GUÍA COMPLETA PARA CÓMO SANAR

HOPE UTARAM

Tabla de contenidos

Introduction... 1

Capítulo 1 Madres Narcisistas...................... 3

Capítulo 2 Entender El Narcisismo.......... 15

Capítulo 3 Trastorno De Personalidad Narcisista.... 32

Capítulo 4 Características De Los Padres Narcisistas. 46

Capítulo 5 El Futuro De Su Relación........ 61

Capítulo 6 Madres Narcisistas Y Sus Hijos............. 67

Capítulo 7 Cómo Tratar Con Padres Narcisistas...... 80

Capítulo 8 Recuperación........................... 87

Capítulo 9 Sanación Del Narcisismo........ 98

Capítulo 10 Cómo Las Manipulaciones Influyen En Su Mentalidad................................. 107

Capítulo 11 Terapia................................... 124

Conclusión.. 128

Introducción

Como una niña que creció con padres narcisistas, especialmente mi madre, entiendo que esta es una carga gigante que superar. Entender lo que es un narcisista y cómo funcionan puede ayudarte a combatir los problemas que los padres tóxicos pueden tener en nosotros como adultos. A medida que aprendemos a afrontar y trabajar a través de diferentes estrategias, realmente puede permitirnos llegar a ser mejores padres cuando tenemos nuestros propios hijos.

En este libro, voy a repasar lo que es el narcisismo y los rasgos del trastorno narcisista de la personalidad. Puede manifestarse de diversas maneras y hay muchas señales de que usted está tratando con un padre narcisista. Además, voy a discutir los efectos que esto puede tener en ti como la hija de una madre narcisista. También vamos a hablar sobre los trastornos límite de la personalidad y las consecuencias que te llegan cuando eres criado por padres narcisistas.

También habrá una discusión sobre la inteligencia emocional y cómo afecta a sus relaciones. Mirando sobre las habilidades sociales, incluyendo lo que son y cómo pueden ayudarte a tratar con personas tóxicas o tus padres tóxicos también se incluirán. Les daré una buena base en la programación neurolingüística y cómo puede ayudarle de de manera positiva.

Además de todo esto, también vamos a discutir la Terapia Cognitiva Conductual y cómo se puede utilizar a diario para ayudar a cambiar sus patrones de pensamiento y la forma en que trata con las personas. Por último, la perspectiva sobre cómo puedes protegerte del abuso, ya sea mental o emocional. Saber ser una madre maravillosa y evitar las tendencias narcisistas con las que creciste es probablemente una de las piezas más beneficiosas de este libro. En esa nota, empecemos.

Capítulo 1

– – – – – ❧ ❧ ❦ ❦ – – – – –

Madres Narcisistas

Como la mayoría de las madres, hay muchas razones por las que una madre narcisista querría tener un hijo. Si bien quieren amar y cuidar a sus hijos, es posible que también quieran tener hijos por todas las razones equivocadas. Pueden sentir que tener hijos los hace lucir mejor a los ojos de otras personas. Otra razón es que les proporciona un sentido de derecho. Después de todo, si son madres, la gente naturalmente debería querer ayudarlos. Finalmente, tener un hijo les dará a alguien que adora el suelo sobre el que camina, al menos durante unos años. Sin embargo, muchas madres narcisistas también querían tener un hijo porque siempre soñaban con ello. Sienten que esto es parte de la misión de su vida.

No importa cuál sea su razonamiento detrás de su deseo de convertirse en madre, es importante recordar que tu madre te ama. Usted leerá una gran cantidad de información en línea que dice que las madres narcisistas tienen problemas para amar a sus hijos. Aunque se ve así desde afuera, el interior de un narcisista es diferente. La verdad es que aman de manera diferente debido a su narcisismo. Hasta que aprendan estrategias para ayudar a controlar el trastorno de la personalidad, naturalmente se pondrán en primer lugar. Cuando eres niño, nunca debes olvidar que eres parte de tu madre. Ella se preocupaba por ti cuando estabas en su vientre mientras crecías y te desarrollabas en un recién nacido. No importa cómo se haya desarrollado el viaje, siempre hubo amor por ti en tu corazón.

No importa cómo te sientas acerca de tu madre, uno de los pasos más grandes que debes tomar es reconocer que tu madre tiene una enfermedad mental diagnóstica. Las conexiones y los productos químicos en su cerebro no son los mismos que en su cerebro. En otras palabras, tu madre no puede evitar que piense como lo hace. Pasó por situaciones en su vida que la llevaron a convertirse en una narcisista. Por supuesto, saber esto no siempre lo hace más fácil, sin embargo puede llevarte a un punto en el que estés listo para comenzar a perdonar a tu madre por todo el dolor y el dolor que te causó a lo largo de los años.

Darse cuenta del Trastorno De personalidad narcisista es una enfermedad mental también es un gran paso para alguien que sufre del trastorno. Dado que este libro no es sólo para niños que fueron criados por un narcisista, sino también para la persona que vive con el trastorno, es importante entender que hay ayuda para todos. Una vez que llegues al punto en el que entiendas que tienes un trastorno psicológico, puedes comenzar a cambiar tu vida. Puedes empezar a entenderte mejor, como la forma en que piensas, por qué piensas de esta manera y cómo puedes cambiar tu método de pensamiento.

La ayuda que todo el mundo puede recibir a través de un terapeuta no va a arreglar todo de la noche a la mañana. Va a tomar mucho tiempo, paciencia, compasión y amor para superar los años de daño, dolor y estrés que causó el trastorno de la personalidad. Sin embargo, cuanto más trabaje para crear una vida mejor para usted, más creará una vida mejor para su hijo. Esto es algo que requiere mucho coraje, fuerza y es algo de lo que deberías estar orgulloso.

Signos de una madre narcisista

Hay varios signos de una madre narcisista ("Características de las madres narcisistas", n.d.). Aunque voy a discutir muchas de las características comunes, todavía hay mucho que no se mencionará. Esto se debe en parte a que hay docenas de características y en parte porque todos son diferentes. Mientras que las madres narcisistas tendrán algunos de los mismos rasgos de personalidad, hay muchos otros rasgos que varían de una madre a la siguiente.

Ya seas madre o hijo, estos signos pueden ser difíciles de leer. Como madre, no puedes imaginar que trataste a tu hijo de esta manera. Cuando era niño, puede traer recuerdos dolorosos. Sin embargo, para superar el pasado, es necesario reconocer los signos comunes. Esto no solo te ayudará a entender aún más el Trastorno de la Personalidad Narcisista, sino que también te ayudará a avanzar hacia el futuro.

Ella lo negará todo

Parte del Trastorno De personalidad narcisista es culpar a otras personas y negar las malas acciones. La razón más grande por la que un narcisista reaccionará de esta manera es porque tienen una fuerte necesidad de mantener su mejor imagen. Incluso si la gente se da cuenta de que está mintiendo o negando la participación, un narcisista continuará haciendo lo que sea necesario para actuar como si no hubieran hecho nada malo. Cuando eras niño, a menudo te culpaban por lo que hacía tu madre. Esto se debe a que eras el blanco más fácil de usar, ya que eras menos propenso a discutir o decir la verdad para evitar recibir su ira. Además, la mayoría de los niños quieren proteger a sus padres, del mismo tiempo que se supone que sus padres los protegen. Incluso si no recibió protección de su madre, todavía sintió la necesidad de protegerla.

Tu madre te miente

Se sabe que los narcisistas mienten. Hacen esto con el fin de manipular o controlar para obtener lo que quieren. También se mentirán a sí mismos. Necesitan hacer esto para que se vean mejor frente a otras personas.

Se cree que muchos narcisistas son mentirosos compulsivos, pero esto no es necesariamente cierto. Los narcisistas generalmente saben cuándo mienten mientras que los mentirosos compulsivos no siempre entienden que mienten.

Es importante recordar que todos mienten en algún momento de sus vidas. También mentimos por diferentes razones. Si bien a menudo te lastimaban las mentiras de tu madre, es importante entender que esta es otra parte del narcisismo. Si estás buscando un problema, intenta encontrarte con alguien más. También pueden mentir para tratar de sentirse mejor consigo mismos. Esto es especialmente cierto para un narcisista que entiende su trastorno mental y está tratando de superarlo.

Ella es manipuladora

Uno de los rasgos más importantes de un narcisista es que son manipuladores. Un narcisista utilizará varias tácticas de manipulación para hacerse con el control de la situación. Por ejemplo, tu madre te compara negativamente con uno de tus hermanos, te avergüenza cuando no cumples con lo que quiere o dice que eres desagradecida y no te preocupas por ella.

Hay varias formas de manipulación que van desde lo bueno hasta lo malo. Un narcisista rara vez usará una buena forma de manipulación, como usar la manipulación para ayudar a otra persona, por lo tanto, tener un propósito altruista. Por ejemplo, cuando un terapeuta te manipula haciéndote una pregunta de cierta manera, lo hace para ayudarte a entenderte mejor. Las formas negativas de manipulación se utilizan cuando alguien intenta que usted haga algo para su propio beneficio. Estas son las formas de manipulación que usará tu madre.

Una táctica manipuladora es el tripper de culpa. Hay muchos ejemplos de trippers culpables. Por ejemplo, una madre y su hijo están discutiendo si debe acompañar a su madre en un viaje de compras o salir con sus amigos. El hijo de 13 años le dice a su madre que preferiría salir con sus amigos porque puede salir con ella en cualquier momento. Durante el verano, rara vez llega a estar con sus amigos. Cuando está a punto de salir por la puerta, la madre comienza a usar la culpa que se dispara diciendo: "Si realmente te amas y te preocupas por mí, pasarías tiempo conmigo". Incluso si el hijo está empezando a entender que esta es una estrategia que su madre usa para salirse con la suya, sabe que se sentirá culpable si va con sus amigos en lugar de ella. También sabe que ella continuará haciéndolo sentir culpable, incluso semanas a partir de ahora sobre este evento. Por lo tanto, él permite que su culpa tome el control y decide ir de compras con ella en su lugar.

Si alguna vez oíste a tu madre usar frases como "Si supieras por lo que he pasado..." o "Si fueras un buen niño, lo harías..." usó el disparo de culpa para conseguir lo que quería. En realidad, ella no quiso decir lo que dijo, ya que los manipuladores rara vez usan tácticas significativas para obtener lo que quieren. Sabía que esta estrategia funcionaba contigo, así que la usó. Si alguna vez dejaste de escuchar su culpabilidad, entonces es posible que hayas notado que dejó de usarlo y recurrió a una estrategia diferente.

Shaming es otra forma de manipulación que se puede utilizar pública o privadamente. Hoy en día, hay un montón de formas de avergonzamiento público gracias a las redes sociales. Muchos padres elogian a otros padres que publican fotos o videos de sus hijos sosteniendo un letrero diciendo lo que hicieron mal y cuál es su castigo— esta es una forma de avergonzamiento público. Mientras que la mayoría de los padres que han hecho esto rara vez usan esta forma de disciplina, un narcisista a menudo recurrirá a avergonzar a su hijo.

Tu madre narcisista podría haber usado el mismo razonamiento para avergonzarte a lo largo de tu vida o puede haber usado diferentes razones. Salem tiene ahora 33 años y apenas habla con su madre narcisista. Ella está tratando de aprender a perdonar a su madre a través de la terapia, pero a menudo encuentra esto difícil, ya que está criando a sus propios dos hijos. Como madre misma, Salem no entiende por qué su madre la avergonzó tanto. Esto es algo que Salem nunca podría hacerle a sus propias hijas. Ella recuerda específicamente cómo su madre a menudo se refería a ella como una "niña mala" porque nació un domingo, que es el día de descanso según Dios. Salem recuerda cómo su madre solía decir: "Ya me pusiste a luz un domingo", cada vez que le pedía a Salem que hiciera algo que ella no haría. A menudo usaba esta razón para decirle a otras personas lo malo que podría ser su hijo.

Muchas personas se refieren a la vergüenza pública y privada como el "juego de la vergüenza". Algunas de las razones más comunes por las que los padres narcisistas avergüenzan a sus hijos de sentirse superiores, debilitar la autoestima, obtener el control, llevar a alguien a la auto culpación o a la autodestrucción, manipular a alguien para que asuma su responsabilidad y aislarlo.

La realidad acerca de avergonzar a su hijo es que no importa cuán a menudo lo haga, usted está abusando emocionalmente de su hijo. Los efectos de avergonzar a los niños en cualquier entorno son el odio a sí mismo, la adicción, la autolesiones, la baja o nula autoestima, la externalización o internalización de la ira y otras emociones negativas, el miedo a la intimidad, la abstinencia emocional y física, la ansiedad paralizante, la depresión, perfeccionismo, y el bajo rendimiento.

El ataque a la autoestima es otra forma de manipulación. Una de las principales razones por las que los narcisistas usan esta táctica es para asegurarse de que usted cree que son mejores que usted. Un narcisista siempre necesita encontrar una manera de mantener su imagen, ya sea en privado o públicamente. Las formas más comunes de ataques a la autoestima son insultos, críticas extremas, insultos, juicios y etiquetas. Tu madre probablemente te dijo muchas cosas para atacar tu autoestima. Algunos de los ejemplos más comunes son "¿Por qué eres tan estúpido?" "Nunca llegarás a nada", o "No vales nada". Otros tipos de ataques no son tan directos. Por ejemplo, una madre narcisista le decía a su hija: "Sólo las niñas que trabajan en la esquina de la calle usan esa ropa a la luz del día".

Otra razón por la que tu madre pudo haber atacado tu autoestima fue para asegurarte de que no volverías a involucrarte en cierto comportamiento. Por ejemplo, si no la escuchaste, ella podría haberte dicho que eres "sordo y sin valor".

Otra forma de manipulación es ser competitivo. Los narcisistas convertirán casi cualquier cosa en una competencia. Esto a menudo puede ser un juego divertido cuando eres un niño, al menos hasta que te encuentres perdiendo todo el tiempo. Un ejemplo de esto es durante la película Mommie Dearest cuando el personaje Joan Crawford, interpretado por Faye Dunnaway, y su hija pequeña, Christina Crawford, interpretada por Mara Hobel, están nadando en la piscina. Joan le dice a su hija que deben correr y ella está de acuerdo. A medida que la escena se desarrolla, Joan gana todas las carreras contra su hija. Cerca del final de la escena, Christina se enoja con su madre y le dice que no es justo que siempre gane. Joan responde haciéndole saber que siempre ganará contra ella porque es más grande y mejor.

Los narcisistas les dirán a sus hijos: "¡Quien pueda hacer esto primero, gane!" y siempre encuentre una manera de ganar. Incluso podrían tratar de ser amables dándole una ventaja o una advertencia, pero todavía ganarán al final. Si terminas ganando, descubrirás que tu madre se vuelve iral y podría atacar tu autoestima para ganar ventaja.

El tratamiento silencioso es otra forma de manipulación. Esto sucede cuando el narcisista retira cualquier emoción y formas de comunicación. Por ejemplo, una madre que le da a su hijo el tratamiento silencioso los ignorará incluso si intenta hacer una pregunta o necesita algo. No importa la frecuencia con la que traten de hablar con su madre, ella actuará como si no los oyera o simplemente se fuera.

Es importante tener en cuenta que cuando está dando el tratamiento silencioso, también está prestando atención a cómo usted está respondiendo. Ella prestará atención a tus expresiones faciales o gestos, ya que quiere que sientas tristeza o miedo. Por lo general quiere ver que sientes miedo al abandono o al rechazo. Una vez que empieces a mostrar signos de estas emociones, a menudo comenzará a responderte de nuevo. Por lo tanto, una manera de poner fin a este tipo de comportamiento es desengancharse y no responder de la manera que ella quiere y espera que responda..

Otro tipo de manipulación es la iluminación de gas o hacerte sentir que eres el "loco". Antes de ir más lejos, quiero decir que un narcisista no es "loco". Tienen un trastorno de la personalidad que les hace pensar de cierta manera. Cuando un narcisista usa la iluminación de gas como táctica, están tratando de hacerte creer que no dijeron algo, incluso si los recuerdas que lo decían. Te dirán que dijiste algo, que no recuerdas haber dicho. Lo harán tan a menudo que empiezas a creer que tienen razón y te equivocas. Esto puede hacer que alguien sienta que "se está volviendo loco".

Ella usa la codependencia para controlarte
Hay muchos niños que sienten que nunca pueden vivir su propia vida porque su madre siempre está diciendo: "No puedo vivir contigo, así que no me dejes". Mientras que la mayoría de los padres no quieren que sus hijos crezcan y los dejen, saben que es inevitable y parte de la vida. También sienten que este es un momento agridulce, ya que están orgullosos de sus hijos por lograr hitos como ir a la universidad, conseguir su primer trabajo de tiempo completo y comprar su propia casa. Los narcisistas no sienten lo mismo. Necesitan a sus hijos con ellos, incluso si no actúan así, porque es la única manera de que puedan garantizar el control sobre ti. Si sales de su casa o te mudas, ya no pueden mantener el control sobre ti.

Reacciona extremadamente cuando es criticada

No importa quién seas o cuántos años tengas, vas a recibir críticas de alguien de vez en cuando. A medida que los niños envejecen, a menudo comenzarán a criticar a sus padres por varias razones. Mientras que la mayoría de los padres manejan bien las críticas, los padres que son narcisistas reaccionarán de una manera extrema. Por ejemplo, podrían castigarte, gritarte, criticarte con dureza o avergonzarte.

Capítulo 2

----- ✤✦✤ -----

Entender el narcisismo

Para entender el narcisismo, necesitas saber lo que es en sí mismo. Alguien que admira su inteligencia o su apariencia a un nivel extenso es alguien que es narcisista. Tienden a ser extremadamente egoístas y tienen un sentido de derecho que no está justificado. Los narcisistas suelen tener una gran falta de empatía y necesitan que la gente los adore. Encontrarán esta adoración por cualquier medio necesario.

Es importante tener en cuenta que simplemente ser arrogante o jactancioso no convierte a alguien en un narcisista. Es mucho más profundo que eso. Quieren obtener el control de los que los rodean y ser admirados en niveles extremos, incluso cuando no está justificado. Abusarán de los que los rodean para obtener este control. A menudo, los narcisistas ni siquiera se dan cuenta de que tienen un problema. Esto hace que tratarlos y cambiar su perspectiva sea extremadamente difícil.

Independientemente de la edad a la que trates con un narcisista puede ser muy difícil. Es absolutamente el más difícil cuando eres un niño tratando de tratar con padres narcisistas. De hecho, si usted es un niño pequeño, es probable que ni siquiera sepa lo que está pasando a su alrededor sólo que usted está en una mala situación.

Impactos de un padre narcisista

El impacto que los padres narcisistas pueden tener en sus hijos es extremo. Puede afectar el desarrollo psicológico del niño. Esto jugará un papel en sus comportamientos. Además, su actitud, emociones y sentido de la ética pueden ser expulsados. El hijo de un padre narcisista tendrá expectativas poco realistas que están tratando de cumplir. Esto es casi imposible y puede cambiar completamente la forma en que un niño trata con el mundo.

Es importante entender que complacer a un padre narcisista es casi imposible. Con frecuencia, cuando era niño, esto les llevará a sentirse como si no fueran vistos ni escuchados. Su realidad será totalmente deformada. Los niños que tienen padres narcisistas son tratados como propiedad en lugar de una persona. Obviamente, esto va a tener efectos importantes en ellos a medida que crecen y se desarrollan.

Con este tipo de habilidades tóxicas de crianza, muchos niños que se crían en este tipo de hogares no son valorados como personas. En cambio, son elogiados o criticados basándose únicamente en lo que están haciendo. No aprenden a entender sus sentimientos, y esto puede llevar a una terrible duda de sí mismos. A medida que el hijo de esta situación crece, esta duda jugará un papel importante en todas sus relaciones.

Cuando estás en una situación en la que te clasificas en cómo te ves o lo inteligente que eres, es probable que no entiendas o des importancia en cómo te sientes. Es un círculo vicioso que, por desgracia, puede convertir al hijo de un padre narcisista en un narcisista. Ser real no es algo que se le enseñe al niño que está tratando con este tipo de padres. Creerán que su imagen es excepcionalmente más importante que su verdadero yo.

Mantener secretos es una gran parte de los caminos del narcisista. A su vez, el niño estará involucrado en guardar secretos que mantendrán bien protegido sano a su familia o a sus padres. No podrán encontrarse a sí mismos, ya que estarán totalmente entrelazados con lo que el padre narcisista quiere. No habrá cuidado y, por lo general, estos niños se sentirán emocionalmente estériles. Cuando un niño se siente así, les resulta extremadamente difícil confiar en otras personas. Esto se debe al hecho de que entienden que están siendo manipulados y utilizados por aquellos que se supone que más les aman.

Como padres, se supone que estamos allí para nuestros hijos, sin embargo, sucede de la manera opuesta cuando un padre es un narcisista. Esto atrofia el desarrollo de un niño de diferentes maneras. Donde deben sentirse amados y aceptados por lo que son, en su lugar se sentirán como si estuvieran siendo juzgados y criticados en cada esquina. Esto puede llevar a una frustración importante para el niño. Constantemente buscarán aprobación y amor, pero probablemente nunca podrán encontrarlo. Al menos no de sus padres.

Cuando te crías en un hogar donde nada de lo que haces es lo suficientemente bueno, obviamente va a afectar el resto de tu vida a menos que hagas algún trabajo para corregir el daño que se ha hecho. Sin un modelo a seguir para una buena conexión con otras personas, es muy difícil desarrollar estas habilidades. No entenderán cómo son los límites saludables de una relación. A menudo, los niños que crecen en este tipo de situaciones se vuelven excepcionalmente codependientes. No entienden ni aprenden a cuidarse emocional, física o mentalmente.

El hijo de los padres narcisistas también buscará continuamente la validación. No lo buscarán dentro de sí mismos; lo buscarán de otras personas. Se vuelve muy confuso para estos niños, ya que quieren hacerlo bien y hacer felices a sus padres, pero absolutamente no quieren hacerlo tan bien que podrían ser vistos como mejores que sus padres. Los padres narcisistas tienden a ponerse excepcionalmente celosos de sus hijos cuando a sus hijos les va bien en algo. Esto eventualmente llevará al niño a un no entendimiento de cuándo realmente merecen crédito por sus buenas y las buenas realidades en la vida.

Muchos niños que crecen en un hogar que tiene uno o incluso dos padres narcisistas sufrirán de una variedad de trastornos diferentes. Esto puede incluir depresión, ansiedad, e incluso trastorno de estrés postraumático. A menudo, esto se ve más adelante en la vida y puede ser extremadamente difícil para ellos superar. Hay maneras de superar el daño que los padres narcisistas hacen, sin embargo, se necesitará mucho trabajo.

Cuando creces en un hogar que te hace sentir que eres indigno del amor, obviamente, va a tener algún efecto importante en la persona en la que te conviertes. Estos niños también son frecuentemente humillados por sus padres. Esto conduce a terribles problemas de autoestima y una sensación de vergüenza, incluso cuando es infundado. A veces, el hijo de un narcisista se convertirá en un sobre triunfador, ya que sienten que necesitan ser perfectos. A veces, va exactamente en sentido opuesto. Simplemente creerán que no pueden hacer nada bien, incluso cuando es un área en la que son excelentes. Se derribarán y sabotearán cualquier posibilidad de éxito.

Signos de que alguien tiene rasgos narcisistas

Muchas personas tienen rasgos narcisistas; sin embargo, esto no significa que tengan un trastorno narcisista de la personalidad. Alguien con este trastorno siempre estará preocupado de que alguien a su alrededor sea mejor que ellos o que tenga un estatus más alto que ellos. Es como si estuvieran constantemente mirando por encima de sus hombros para ver si alguien está en sus talones. Tienen un agujero dentro de ellos que necesita ser llenado de admiración o un sentido de superioridad a los que los rodean. Necesitan que la gente piense que es la persona más guapa o la más inteligente.

Hay algunas marcas fundamentales de personas que tienen trastornos narcisistas de la personalidad. Como se ha señalado, tendrán una extrema falta de empatía por quienes los rodean. Además, buscan admiración a gran escala. Todo lo que hacen es más grande y mejor que los demás.

Comúnmente, las personas que tienen trastorno de personalidad narcisista serán descritas como manipuladoras, arrogantes, extremadamente exigentes y egocéntricas. Viven en un mundo de fantasía y están convencidos de que, por alguna razón u otra, deben recibir un trato especial de aquellos que están a su alrededor.

Por lo general, estos comienzan a ser vistos durante la edad adulta temprana. Aquellos que son etiquetados como NPD mostrarán evidencia de su trastorno en múltiples facetas de sus vidas. Esto incluye el trabajo, las relaciones y la crianza, solo por nombrar algunos.

Para que alguien sea etiquetado como que tiene un trastorno de personalidad narcisista, debe exhibir varios rasgos diferentes que se ven comúnmente entre las personas que tienen esta enfermedad mental. Las características que debe buscar son:

- Autoimportancia a gran escala

- Un deseo de admiración excesiva

- Infundado sentido del derecho

- Pensamientos consistentes de mayor éxito, inteligencia, poder, apariencia o amor

- La idea de que son especiales y sólo son entendidos por otros que son especiales

- Explotación consistente de quienes los rodean

- Falta grave de empatía

- Envidioso de los que les rodean o la creencia de que son envidiados por otros

- Altos niveles de arrogancia

Hay muchos otros rasgos que ayudan a identificar a las personas con trastornos narcisistas de la personalidad. Por lo general, no se ocupan de las críticas muy bien en absoluto. Esto puede mostrarse con peleas de ira o retirarse de la sociedad. Es sorprendente que las personas con NPD tienden a fallar, teniendo en cuenta que suelen ser personas que logran más altas. Con su incapacidad para tomar críticas y corregir sus defectos, son fallas frecuentes en situaciones como el trabajo.

Muchas personas encuentran sorprendente que aquellos con trastornos de la personalidad narcisistas son propensos a aflicciones como el abuso de drogas y otros problemas de estado de ánimo o ansiedad. Se cree que esto se debe al hecho de que los narcisistas tienden a tener problemas de control de impulsos. También experimentan niveles más altos de vergüenza que fomentan otros comportamientos que interrumpen la vida.

Si bien estos rasgos son para cualquier persona que tenga un trastorno narcisista de la personalidad, este libro está aquí para discutir la madre narcisista. Algunos de los rasgos de carácter de la madre narcisista pueden ser bastante sutiles, mientras que otros estarán en tu cara. Detectar a un padre narcisista puede ser difícil, sin embargo, puede ayudarte a sobrevivir a lo que te hicieron pasar y permitirte llevar una vida más normal como adulto.

Muchos de nosotros no nos damos cuenta de lo que está sucediendo cuando somos niños, y por lo tanto, debemos aprender a lidiar con él como adultos. Conocer los signos de lo que crecer con una madre narcisista puede ayudar a sanar el daño emocional y mental que han causado. Además, puede ayudar a asegurarse de que usted no haga las mismas cosas a sus hijos y que usted sea capaz de construir relaciones saludables con ellos.

La mayoría de las madres narcisistas tienen algunas características muy definitorias. A menudo envuelven pensamientos negativos sobre ti en términos que son duraderos. Pretenden que son considerados cuando son realistas, están siendo hostiles o agresivos. Esta es una forma seria de manipulación. Puede que hayas descubierto que tu madre te criticó de una manera que parecía que estaba preocupada por ti. Demostrar que ella sólo quiere lo que es bueno para ti al destrozarte no es un ejemplo de buena crianza.

Los padres narcisistas son fantásticos con la manipulación. Hemos detectado un problema desconocido. Es posible que encuentres que siempre te comparan con uno de tus hermanos. Tomando nota de que tu hermano lo hizo mejor o que necesitas trabajar más duro para ser como ellos.

A menudo, simplemente te ignorarán o no dirán nada cuando compartas tus logros. Al compararte con los que están a tu alrededor, te derribará y te hará sentir como si te faltaras en las cosas que hacen que una persona sea buena. Esto es gravemente perjudicial para uno mismo. Puede que encuentres que de vez en cuando tu madre dice felicitaciones, pero el tono de su voz dice algo completamente diferente. Esta es una forma de entrenamiento. Te ayudará a mantenerte asustado y en la fila haciéndola la superiora de la situación cada vez.

Si tu madre es narcisista, probablemente también viole los límites personales todo el tiempo. Te sentirás como si no fueras tu propia persona, sino simplemente un pedazo de ella. Habrá una falta de cortesías comunes. Esto podría parecer que tus cosas se regalan justo delante de ti. Esto se hará sin ninguna razón y simplemente se espera que lo acepte.

Con frecuencia, las madres narcisistas harán y dirán cosas para tratar de humillarte. Esto se puede hacer hablando de ti mientras estás en la habitación pero actuando como si no estuvieras allí. Además, usted no tendrá ningún sentido de privacidad en casa. La madre narcisista husguen a través de todas tus cosas. Incluso llevar un diario será imposible. Independientemente de dónde decidas ocultarlo, puedes estar seguro de que ella lo va a encontrar. Ella querrá saber cualquier y todo sobre ti para que pueda usarlo en tu contra en el futuro.

Si vives en una familia con varios hijos, la madre narcisista probablemente elegirá a uno como su favorito. Ella también tendrá uno que ella elige más que los otros. Al niño favorito se le concederán privilegios que los otros niños simplemente no obtienen. Recibirán atención y aliento adecuados en lugar de ser desgarrados por todo lo que han hecho. Este niño realmente no puede hacer nada malo a los ojos de una madre narcisista. Rara vez tienen la culpa, incluso cuando los atrapan con las manos en la masa. Ella transmitirá la culpa a otros niños para asegurarse de que el niño de oro no tiene ninguna marca negra.

Desafortunadamente, el niño que es favorecido sobre los demás probablemente se convertirá en un narcisista. Se acostumbrarán tanto a ganar y nunca estarán en el mal que el sentido de derecho que los narcisistas tienen es el pan en ellos como adultos. No podrán asumir la responsabilidad y se sentirán como si fueran superiores a los que les rodean. La madre narcisista los ha construido para sentirse así.

Por horrible que sea, una madre narcisista nunca se dará cuenta de lo bien que lo estás haciendo. Eso es a menos que ella pueda de alguna manera tomar crédito por sus logros. Si no puede, simplemente será ignorado o comparado con alguien que lo hizo mejor. Como siempre, tiene que ser la mejor. Si usted es el que va a llamar la atención o la adoración, será simplemente, apagado. Además, ella encontrará maneras de hacerte daño por tus logros. Esto puede ser simples pequeñas excavaciones con palabras o castigos mayores para pequeñas insuficiencias.

Si usted está encontrando gozo en las cosas que están haciendo, es probable que la madre narcisista va a tratar de derribar eso también. Ella realmente no quiere que sientas felicidad. Siempre tratará de bajarte un poco. Esto se puede hacer de varias maneras, pero cada forma en que se hace es perjudicial para la psique infantil.

Con frecuencia verás que ella te critica innecesariamente. Esto se hace con frecuencia comparándote con tus otros hermanos o con las personas que están frecuentemente a tu alrededor. Tratar de decirle sobre las cosas malas que están sucediendo en tu vida será imposible. Ella comúnmente tomará el lado de la persona que te ha hecho mal. Esto es para ayudarla a mantener el control. Es una forma sencilla de mostrarte que nada de lo que digas o hagas va a tener razón.

Las madres narcisistas son excelentes para hacerte sentir o parecer loca a los que te rodean. Tratar de hablar con ella sobre las cosas que está haciendo se cerrará inmediatamente. Ella lo culpará de cosas como tu imaginación o simplemente te dirá que no tienes idea de lo que estás diciendo. Puede haber negación incluso cuando fue un evento inicial. Puede decir que eso no sucedió o decir que no recuerda que sucedió. Cuando esto sucede continuamente, es probable que deje de confrontarla sobre problemas en la mano. Esto es exactamente lo que ella quiere.

La envidia que viene de tu madre será un período intenso si siente que tienes mejor aspecto que ella, o si has recibido algo de buena calidad. Su envidia será fácil de ver. Ella puede simplemente tomar de usted o ir a buscar algo mejor para sí misma. Las madres narcisistas, por horribles que sea, a menudo, competirán con sus hijos en todos los aspectos.

Las mentiras que se escupirán también son numerosas. En cualquier momento dado, usted puede hacer apuestas sobre el hecho de que ella probablemente está mintiendo sobre una situación. Las mentiras son excelentes para crear conflictos. Esta también es una buena manera de obtener el control. Los narcisistas son cuidadosos con sus mentiras y se vuelven extremadamente buenos en ello. Ellos girarán historias para hacerse bien no sólo a ti, sino todo lo que está a tu alrededor. Ella usará palabras que permitirán que las mentiras vayan al camino si es capturada específicamente. No habrá una aceptación directa del hecho de que se le dice una mentira, en cambio, ella usará palabras como "tal vez" o "supongo".

Como se ha señalado, la manipulación es una de las opciones favoritas para un padre narcisista. Esto se puede hacer de varias maneras, pero comienza muy temprano en la vida. Usted encontrará que es para identificar sus tácticas de manipulación. Esto es muy desafortunado ya que la manipulación es un problema importante con muchos adultos. Es extremadamente egoísta y será utilizado en tu contra mientras sea posible.

Las madres narcisistas tienden a ser extremadamente ensimismada. También son defensivos ante cualquier tipo de crítica que pueda ser lanzada a su manera. A menudo se puede demostrar por una explosión de emociones después de ser criticado. Te aterrorizará por intentar mostrarle que no es perfecta.

Desafortunadamente, no hay una verdadera causa para aquellos con trastornos narcisistas de la personalidad. Se desarrolla como otros problemas de salud mental. Es probable que sea un conjunto complejo de circunstancias que lleve a una persona a actuar de esta manera. Muchos creen que el entorno en el que se encuentra juega un papel importante en este trastorno. Si creciste en una casa con una madre narcisista, es más probable que te conviertas en una tú misma. Esto es especialmente cierto si no te tomas el tiempo para reconocer lo que está pasando a tu alrededor.

Otros creen que es simplemente genético que heredamos estos rasgos y que es inevitable sin trabajo serio. También hay pensamientos de que la forma en que nuestros cerebros están conectados podría ser el vínculo en cuanto a por qué esto sucede. La forma en que nos comportamos y la forma en que pensamos definitivamente juegan un papel en lo que somos. Por lo tanto, si estás en sintonía con los rasgos de un narcisista, puede ser más fácil desarrollar un trastorno narcisista de la personalidad

Comúnmente vemos este trastorno recortando en adolescentes y aquellos que están entrando en la edad adulta. Podemos ver signos de ello en los niños, sin embargo, estos por lo general no se manifiestan en nada más una vez que el niño se desarrolla social y emocionalmente. Esto es, a menos que el niño esté creciendo alrededor de otros narcisistas y aprenda que los comportamientos de sus padres son aceptables.

Hay una variedad de señales de que usted puede estar tratando con una madre narcisista. A través de sus comportamientos y su estilo de crianza, puede ser fácil de identificar. Una vez que tienes la capacidad de ver estas cosas sobre tu madre, puede hacer que sea más fácil de sobrellevar. Puede proporcionarle una comprensión de lo que está pasando y ayudarle a combatir los efectos de la misma. Obviamente, el conocimiento común es poder y cuando estás tratando con un narcisista, puede ayudar a asegurar que no te conviertas en el mismo.

Una señal importante de que usted está tratando con un padre narcisista es que tratan de vivir a través de su hijo. En su mayor parte, los padres desean que sus hijos tengan éxito. La madre narcisista, sin embargo, tendrá un conjunto de expectativas que beneficiarán sus propios deseos en lugar de los de sus hijos. Ellos querrán que sus hijos se adapte a sus deseos personales mientras ponen los suyos en el quemador trasero.

Si encuentras que tu madre está frecuentemente amenazada por tus éxitos, también es una señal de que tienen tendencias narcisistas. Su propia autoestima se verá afectada negativamente cuando lo hagas bien. Cuando esto sucede, es probable que vayan a derribar a su hijo. Esto les permitirá permanecer la persona superior en la relación. Esto se puede ver con un juicio masivo sobre el niño, comparación con otros que lo hicieron mejor, rechazo de logros, y simplemente nitpicking.

Otra señal de que tu madre puede ser narcisista es una enorme autoimagen. Pueden ser extremadamente engreídos acerca de quiénes son. Con frecuencia, no tratan muy bien a los que les rodean ni los tratan como a otros seres humanos. Simplemente ven a las personas como formas de lograr ganancias personales. Incluso llegarán a la medida de destruir a los que los rodean si eso significa que obtendrán lo que desean.

La madre narcisista tratará de asegurarse de que todos a su alrededor entiendan lo únicos y especiales que son realmente. Esto es típicamente equivocado y poco realista. Puede ser que crean que son las más bellas, inteligentes o dueñas de las mejores cosas y quieren que todos lo sepan. Necesitan la atención que ayudará a impulsar su ego. Tienen una actitud que dice, "mírame y lo que puedo hacer".

La manipulación es un componente importante en el arsenal de la madre narcisista. Son excelentes para usar el viaje de culpabilidad a su favor. Culparte o avergonzarte por lo que ha pasado también es extremadamente común. Estos tipos de manipulación pueden ser difíciles de envolver su mente alrededor. Otras maneras en que tratarán de manipularte es mediante la comparación. Hacerle preguntas como: "¿Por qué no eres tan bueno como tu hermano?" es un buen ejemplo. Es común que ofrezcan amor como recompensa en lugar de algo que te mereces. También, por el contrario, amenazan con quitar el amor como una forma de castigo.

Los padres narcisistas con frecuencia tienen estrictas expectativas para sus hijos. Se centran en los pequeños detalles y si hay algún paso en falso, hacen un gran negocio de ella. Esto realmente puede afectar la forma de pensar de un niño en la autoestima. Estos padres también son muy delicados. Se pueden poner en marcha muy fácilmente y tienden a irritarse con la gota de un sombrero. Todo esto se debe al hecho de que quieren un control total sobre su hijo. No reaccionarán de una manera típica, en cambio, explotarán en la más pequeña de las cosas.

La posesividad y los celos también son muy buenas señales de que estás tratando con una madre narcisista. Debido al hecho de que quieren un control total sobre la vida de un niño, pueden ponerse celosos en los hitos de la madurez o la independencia dentro de su hijo. Esto les muestra que hay separación y que no lo manejan muy bien en absoluto. Pueden hacerte sentir culpable por hacerlo bien y seguir adelante en la vida. Quieren saber que siempre estás ahí para ellos y que estás envuelto alrededor de su dedo.

Todos estos son una buena mirada a las características y acciones de un padre narcisista. Sin embargo, debes tener en cuenta que hay muchos otros síntomas o signos de que estás tratando con un narcisista. Mantenerse protegido y entender cómo su padre lo está tratando no siempre es fácil. Cuando sabes qué buscar, puede ser más fácil. Esto ayudará a asegurar que lleves una vida sana y próspera como adulto y que salgas de debajo del pulgar de tu madre narcisista.

Capítulo 3

---- ✒❧✦❧ ----

Trastorno de Personalidad Narcisista

La mayoría de los expertos en el campo de la psiquiatría creen que el Trastorno Narcisista de la Personalidad (NPD) no se puede curar. Esto significa que las personas diagnosticadas con él tendrán los síntomas del trastorno toda su vida y tendrán que trabajar continuamente duro para hacer frente a las dificultades de comportamiento causadas por el trastorno.

Aunque las personas diagnosticadas con NPD pueden experimentar alivio de los síntomas y podrían aprender estrategias valiosas de afrontamiento, todavía tendrán algunos signos del trastorno por el resto de sus vidas. Además, la mayoría de los psiquiatras no creen que la medicación funcione bien para controlar cualquier trastorno de la personalidad, especialmente el NPD.

El narcisismo es una especie de creencia que una persona tiene sobre sí misma, que son únicas y más importantes que otras a su alrededor. Con esta creencia, a menudo actúan de maneras particulares y harán cosas para aumentar su imagen a los ojos de los demás.

La creencia en su superioridad sobre los demás está tan profundamente arraigada en los narcisistas que experimentan muchas dificultades al tratar con otras personas, ya que a menudo tratarán a todos los demás como menos importantes.

Trastorno de Personalidad Narcisista (NPD), por lo tanto, es el término que connota un tipo de trastorno mental en el que el individuo afectado tiene un sentido exagerado de auto-importancia.

Las personas afectadas por el NPD tienen una profunda necesidad de reverencia por parte de los demás, aunque carecen de empatía por los demás. Las personas afectadas con NPD no se presentan para el tratamiento psicológico porque no ven que hay un problema con su conducta, a pesar de que son conscientes de que las personas a su alrededor constantemente les resulta muy difícil de tratar.

Los criterios utilizados oficialmente para diagnosticar el Trastorno De personalidad narcisista se describen en el Manual Diagnóstico y Estadístico, Versión Cinco (DSM-V). El DSM-V es el libro que los expertos en salud mental utilizan para diagnosticar enfermedades mentales.

Es pertinente notar que algunas personas pueden mostrar signos de tendencias narcisistas, pero no tienen NPD en toda regla.

Algunos criterios para diagnosticar el NPD como se describe en el DSM-V son:

A. Antagonismo, caracterizado por la grandiosidad, y

B. Búsqueda de atención.

Los criterios descritos en el DSM-V pueden explicarse a través de las acciones de la persona en particular que sufre de NPD. Un individuo que se ve afectado por el NPD sólo pensará en sí mismo. Sus acciones revelarán que sólo piensan en sí mismos y tratan de acabar con las personas que los rodean.

Por ejemplo, una persona que sufre de NPD puede tergiversar su contribución a un proyecto de trabajo mientras desuso el compromiso de un compañero de trabajo con el proyecto. El individuo podría incluso robar las ideas de otros y tomar crédito por las ideas y acciones de los demás. Un individuo que sufre de NPD debe estar en el centro del universo en todo momento.

Ser diagnosticado con NPD en toda regla significa que una persona debe exhibir este comportamiento de búsqueda de atención tanto con el tiempo como en muchas circunstancias diferentes. Deben haberlo exhibido como un adulto joven, y deben haber envejecido sin mucho cambio en su comportamiento. Exhiben atención con su familia, en el trabajo y en la comunidad. Este rasgo de personalidad parece estable, no importa con quién estén y lo que están haciendo.

Una persona que sufre de NPD no puede tener sus comportamientos explicados basados en la edad que tiene. Por ejemplo, muchos adolescentes actúan como si fueran el centro del universo y puedan exagerar sus acciones, pero esto puede explicarse como una etapa normal en su crecimiento psicológico, que eventualmente superarán. Sin embargo, una persona con NPD nunca abandonará sus comportamientos adolescentes. Así que para un adulto, algunos actos no se consideran normales. Esta es una de las razones por las que los trastornos de la personalidad como el NPD no se diagnostican hasta que una persona es adulta.

Alguien con NPD buscará atención y tendrá un falso sentido de sí mismo sin importar cuál sea su estado de sobriedad. Por ejemplo, una persona que se comporta como un narcisista mientras está borracha, pero es una persona amorosa y saludable mientras está sobria, no sería diagnosticada con NPD porque sus comportamientos son como resultado del alcohol en su sistema. Alguien con NPD actuará como un narcisista sin importar cuál sea su estado.

Tomados como un todo, cuando alguien tiene NPD, cree que es el centro del universo y todo gira alrededor de ellos y como tal, no tienen en cuenta los sentimientos de las personas que les rodean, junto con el hecho de que no serán empáticos con otras personas.

Las personas que sufren de NPD harán todo lo posible para ser el centro de atención y mostrar a los demás lo importantes que son para el mundo. Seguirán mostrando estos rasgos a lo largo de toda su vida. Por lo general, estos rasgos comienzan a mostrarse en sus vidas durante la adolescencia, y llevarán estos rasgos a la edad adulta.

Se estima que hasta el 6,2% de la población general sufre trastorno narcisista de la personalidad y que los hombres tienen más del doble de probabilidades de ser diagnosticados que las mujeres.

Cómo se desarrolla el trastorno narcisista de la personalidad

Al igual que con cualquier otra enfermedad mental o trastorno de la personalidad, hay diferentes explicaciones para el NPD. Las causas del NPD podrían aparecer de forma independiente o existir unas con otras en la vida de alguien; esto fomentará el desarrollo del NPD.

La primera pieza del rompecabezas en el desarrollo del NPD es la genética. Si un miembro de la familia tenía NPD, es muy probable que los niños y algunos otros parientes también puedan desarrollar el trastorno. Esto se debe a la psicobiología; la idea de que el cerebro y los comportamientos humanos están conectados. Si el cerebro está genéticamente cableado de una manera debido a los genes que una persona ha heredado de los padres y abuelos, entonces es probable que una persona herede los genes que causaron que el cableado se produjera de tal manera que cree NPD. Las personas que tienen una predisposición genética son más propensas a sufrir de NPD que las que no lo tienen.

El otro desencadenante para NPD son los problemas de crianza. Si una persona vive con un padre o en una situación familiar en la que es demasiado mimada, tratada continuamente como única, o dado todo lo que siempre pide sin ninguna idea de que hay límites, es más probable que desarrolle NPD. Los niños necesitan límites y disciplina, y sin ellos, crecerán con una visión poco realista tanto de sí mismos como de cómo funciona el mundo. Incorporan la creencia de que son especiales y perfectos en su visión del mundo.

Por otro lado, las personas que crecieron con padres que eran especialmente duras y nunca valoraron nada de lo que el niño hizo también pueden desarrollar NPD. El niño desarrolla un mecanismo de defensa para compensar las críticas negativas y constantes que reciben. Piense en ello como un péndulo balanceándose hacia el otro lado. Si el padre es demasiado duro con el niño, el niño comenzará a compensar en exceso creyendo que tiene derecho a todo, que son especiales, y que se merecen el mundo, sólo para combatir la negatividad que los rodea todos los días. Esto generalmente se piensa que sucede porque el niño puede estar sobre compensando para tratar de demostrar su valor a sus padres. Quieren ganarse el amor y la aprobación de los padres.

No importa qué tipo de padre tuviera la persona con NPD, los comportamientos de los padres comenzaron cuando el niño era joven, generalmente antes de los tres años.

Un tercer factor que puede ser relevante para el desarrollo del NPD son las ideas de la sociedad de quién y qué es importante. Por ejemplo, la idea de que los más poderosos, ricos y exitosos son más importantes que las "personas ordinarias" se ha convertido en una creencia arraigada gracias a la preocupación de los medios de comunicación con este tipo de personas. Al ver la televisión de realidad, las personas que son egocéntricas, egoístas y groseras con los demás son idealizadas, mientras que las personas que son cariñosas y compasivas a menudo son marginadas o completamente ignoradas. En segundo lugar, las personas reciben más aprobación de influencia externa cuando son más inteligentes, más prósperas o tienen un estatus más alto. Esto podría hacer que las personas trabajen para este estatus más alto para que puedan recibir el mismo tipo de reconocimiento. Por último, hay un debilitamiento de la comunidad en nuestra sociedad. Los niños no suelen ser criados para creer que son parte de algo más grande que ellos mismos, lo que lleva a que los niños tengan más dificultades para identificarse con los demás. Una grandiosa autoimagen reemplaza su capacidad de empatizar.

Por lo general, sin embargo, hay una mezcla de factores genéticos y factores ambientales, tanto personales como sociales, en el trabajo con el desarrollo de cualquier trastorno de la personalidad. Si un padre u otro familiar cercano tiene el trastorno de la personalidad, es probable que el niño crezca tanto con un vínculo genético para obtenerlo como en un ambiente hogareco inestable donde los rasgos son más propensos a desarrollarse. Debido a que muchos de los rasgos han demostrado existir desde la infancia, es fácil ver por qué el trastorno se vuelve tan difícil de tratar.

Sin embargo, eso no significa que no haya tratamientos u opciones para una persona que sufre de NPD o sus familias.

Sin duda, habrás oído hablar del término 'Ego'. Naturalmente se asume que todo el mundo tiene uno; aunque los egos de algunas personas son mucho más grandes que otros. El ego es una idea de tu autoestima; en muchas personas, este es un tema frágil; fácilmente afectados por otros y sus opiniones y puntos de vista.

Tu ego se basará en tus propias creencias y experiencias a lo largo de la vida; si siempre has tenido éxito, es probable que tengas un ego más grande y tengas más confianza. Del mismo modo, aquellos que a menudo se encuentran con el fracaso tienden a tener un ego disminuido y ser menos confiados en sus habilidades. Todo lo que emprendas en la vida ayudará a construir o disminuir este ego; es un ser conmovedor, casi viviente, y esta es una parte esencial y saludable de la vida.

El egoísmo es una extensión de este principio; cree que todas las acciones y metas deben relacionarse con usted; todo lo que hagas debería beneficiarte y ayudarte a alcanzar tus propias metas. Mover una etapa más allá de esto y te conviertes en alguien con NPD; cuando el logro de sus metas y el beneficio de sus acciones se centra enteramente en usted. Esto debe ser independientemente del efecto en los que te rodean. El egoísmo a menudo se disfraza de bondad y generosidad; dar a otra persona un regalo sin una recompensa puede parecer desinteresado; de hecho, a menudo es una herramienta utilizada por alguien con NPD para manipular y obtener el apoyo de otros; el regalo se puede mencionar más tarde para asegurarse de que se proporciona un favor cuando sea necesario. Un verdadero egotista no considerará los pensamientos de los demás; sus intereses residen sólo en lo que es bueno para ellos.

Un ego que se centra en sus propias necesidades por encima de todas las demás es esencial para la creación del NPD. Lo que es quizás lo más interesante de esto es que está de acuerdo en que alguien nace sin ningún ego. En el momento en que naces, no tienes ninguna idea preconcebida sobre el mundo, ti mismo, ni siquiera ningún conocimiento. Todas estas cosas se construyen desde el momento en que naces. Tus primeros instintos serán tender la mano y explorar el mundo que te rodea; en un bebé, esto se hace a través de los sentidos; la vista, el tacto, el olfato; oído y gusto. En este punto, tu ego es simplemente un reflejo de lo que otros piensan y hacen; si te alaban y te sonríen entonces te sentirás bien contigo mismo, si no lo hacen, te sentirás mal contigo mismo. Desde este simple comienzo, tu ego crecerá y será alimentado por las imágenes y experiencias que te rodean. Desde este punto de vista, un egoísta o alguien que pueda tener una personalidad narcisista es un producto de la sociedad. Por supuesto, este es un enfoque muy simplista, ya que hay muchos otros factores que influirán en el desarrollo del NPD; la causa exacta no se conoce, pero podría estar relacionada con sus genes.

La definición de egoísmo es que la auto creencia creada por tu ego es esencial para asegurarte de tomar las decisiones morales correctas y, por lo tanto, comportarte mediante normas morales aceptadas.

Por supuesto, estas normas también se extienden para ayudar a comprender el desarrollo del NPD; el egoísmo acepta que cualquiera debe ponerse primero y esta auto creencia debe motivar todas las acciones conscientes; esto significa que el interés propio es una conclusión aceptable para cualquier acción, que es exactamente lo que alguien con NPD hace!

El egoísmo es también un rasgo de alguien con NPD; sus deseos se colocan por encima de todos los demás. Se ven a sí mismos como más importantes y dignos de éxito que cualquier otra persona, y esto se convierte en una justificación para ser egoístas. Casi todo el mundo ha sido egoísta en algún momento u otro en su vida; podría estar aferrándose a una persona vital porque los necesitan en lugar de ser lo mejor para la persona o la relación. Alternativamente, podría ser algo más sencillo, como tomar el último chocolate!

Sin embargo, los rasgos del egoísmo a veces son esenciales en partes de la vida. Los líderes empresariales, en particular, necesitan poner los intereses de su empresa en primer lugar para tener éxito. Esto puede incluso ser visto como esencial para preservar los puestos de trabajo y el bienestar de sus empleados. Sin embargo, poner las necesidades de la empresa en primer lugar también garantizará que se dé prioridad a sus propias necesidades. Los mismos rasgos que son esenciales para el éxito empresarial pueden iniciar a alguien en el curso hacia una personalidad narcisista, incluso si no desarrollan NPD.

La aceptación económica del egoísmo como un rasgo esencial si la empresa muestra las complicaciones que surgen al tratar de establecer los parámetros y la definición de alguien que sufre de NPD; en muchos ámbitos de la vida su comportamiento será similar a una persona extremadamente exitosa. Por esta lógica, el egoísmo es un rasgo deseable e incluso esencial para aquellos que desean tener éxito.

Para ser genuinamente egoísta necesitas estar desprovisto de empatía o consideración por los sentimientos de otras personas; este es, tal vez, el punto crítico en el que alguien cambiará de ser considerado socialmente 'normal' y tener un trastorno de la personalidad. Cualquiera que tenga NPD no podrá establecer empatía con los que los rodean; esto conduce inevitablemente a la capacidad y el deseo de manipular a los que te rodean a medida que pierdes la capacidad de respetar sus sentimientos o necesidades. Este tipo de comportamiento está asociado con aquellos que sufren de NPD, así como psicópatas.

Hay que entender que, como con todos los rasgos de personalidad, es esencial tener una conciencia de sí mismo y cuidar de sus intereses. Ser egoísta a veces es necesario para asegurarte de que te adhieres a tus principios, valores o simplemente para completar un trabajo cerca de tu corazón. La diferencia crucial es entender el efecto que esto puede tener en los demás y elegir hacerlo de todos modos, a pesar de las consecuencias emocionales y físicas. Si nunca eres egoísta, nunca defenderás nada en lo que creas y será probable que pases tu vida siguiendo a la manada, posiblemente nunca logrando todo tu potencial.

Se ha sugerido que el egoísmo en los adultos se puede crear a través de una infancia difícil. Cualquier niño que tenga poco o ningún elogio o incluso reconocimiento de su existencia es probable que se retire a su mundo. Algunos de estos niños se convertirán en reclusos y socialmente ineptos por la vida; otros construirán sus mundos de fantasía para retirarse y escapar de la dureza de su vida. Estos mundos de fantasía a menudo giran en torno a tener el control, el poder y la admiración que no están recibiendo de niño. Estos mundos pueden ser llevados a la edad adulta, y una personalidad narcisista se desarrollará a medida que el deseo de ser apreciado eclipsará todos los demás sentimientos. Una vez más, este desarrollo estará en conjunto con otras influencias y sus genes.

El egoísmo es un rasgo de alguien con NPD; sin embargo, usted puede ser egoísta sin tener NPD. Aparte de la forma sana de egoísmo que ya se ha discutido; la mayoría de las personas se encuentran siendo egoístas debido a las demandas y tensiones de sus propias vidas; no es un deseo fundamental de herir a los demás, sino más bien una reacción a su entorno. Las personas egoístas tienden a ser egoístas, mientras que las personas con NPD son encantadoras y parecen encajar bien, mientras que son muy complacientes. Esto se debe a que están manipulando y controlando a las personas que los rodean para obtener sus propias necesidades egoístas. La diferencia en la personalidad es a la vez fácil de detectar y una parte esencial de la diferencia entre alguien que tiene NPD y alguien que no lo tiene. Después de todo, alguien que realmente tiene NPD estará muy preocupado por verse bien con los demás; esto asegurará que reciban la ayuda que necesitan para alcanzar sus metas. Parecerán dignos de confianza y desinteresados cuando, de hecho, sean exactamente lo contrario; el problema es que su encanto y carisma ocultarán su verdadera personalidad y motivación de usted.

Capítulo 4

───── ❧❦❧ ─────

Características de los padres narcisistas

Las madres son la base para el apego de sus hijos al mundo. Todos tendemos a aprender de nuestras madres en función del modo que ella protege y nos protege del daño, nos nutre y cuida de nosotros. El potencial de una madre para satisfacer nuestras necesidades básicas, validar nuestro dolor, sintonizar nuestras emociones y proporcionarnos un apego saludable tiene un impacto significativo hacia nuestra regulación emocional, estilos de apego y nuestro desarrollo. Sin embargo, este no es el mismo caso para los criados por una madre narcisista. Una de las principales señales sobre la madre narcisista es que te enseñaron a creer que eres una loca y desequilibrada; sinfín de dudas sobre ti mismo y cualquier sentimiento que tengas sobre ellos. El otro signo es la culpa constante que nunca desaparece. Te das cuenta de que tal vez algo está mal con tu madre, pero te sientes avergonzado de pensar de esa manera y golpearte a ti mismo en su lugar. Las siguientes son las características más comunes de una madre narcisista:

• Todo lo que hace es negable. Ella presenta manipulaciones egoístas como regalos. Ella es hostil y agresiva, pero presenta sus acciones como actos de consideración. Ella cumple sus crueldades con términos amorosos y siempre da excusas y explicaciones. Para ella, todo lo que quiere es lo mejor para ti, para ayudarte. Ella nunca admitirá que ella piensa que eres inadecuado, pero en su lugar, cuando le dices que has hecho algo mal, ella te contrarresta con algo que fue hecho mejor por tu hermano o simplemente responder con silencio. Sin embargo, ella eventualmente hará algo cruel contigo para enseñarte una lección y asegurarte de que no te pongas por encima de ti mismo. Ella separa con precisión la causa (la alegría en tus logros) del efecto (negando que asistes a la ceremonia de premiación) de una manera que alguien que no vive en el abuso nunca entenderá.

Ella usa la comparación como sus principales humillaciones. Si estás pensando que el contraste es lo mismo que tú y el contraste está dirigido a ti. Ella se asegura de que no seas bueno sin siquiera decir una palabra y arruinar tu placer felicitándolo con una voz infeliz, envidiosa y enojada haciéndote sentir inútil. Ella es completamente negable. A pesar de que siempre es posible confrontar a alguien observando sus expresiones faciales, la forma en que te miran y su tono de voz, el caso de una madre narcisista es diferente. Ella se asegura de que entiendas completamente el castigo que seguirá inmediatamente si te opones a cualquiera de sus opiniones, lo que te hace temer, sintiendo que siempre estás equivocado, pero no puedes señalar por qué.

Dado que su abusividad es a largo plazo y siempre eres su hija, siempre te resultará difícil explicar a otras personas por qué es mala. Ella siempre es muy cuidadosa acerca de cómo involucra sus abusos y siempre es muy secreta. Ella siempre hace el momento adecuado para sus acciones abusivas para asegurarse de que nadie escuchará o notará sus comportamientos abusivos. Sin embargo, para el público, ella emerge como completamente diferente y siempre te manejará con preocupación, amor y comprensión. Como resultado, los narcisistas generalmente informan que nadie cree en ellos. En otros casos, los terapeutas terminan de lado de la madre narcisista dejando al niño aislado e indefenso.

• Ella viola tus límites. Te sientes constantemente como si estuvieras como una extensión de ella. Ella siempre da tu propiedad sin siquiera preguntar, a veces incluso en frente de usted y cuando se queja, ella se enfrentará a usted que nunca fue incluso la suya. Ella expresa opiniones que estaban destinadas a ser tuyas y comprometer su tiempo sin siquiera consultarlo. Ella te discute mientras estás presente como si no estuvieras allí. Ella no respeta tu privacidad; irrumpe en su dormitorio o baño con o sin su consentimiento. Sigue haciendo preguntas entrometidas, husmea en sus conversaciones, diario, cartas y correo electrónico. Ella siempre está indagando en tus sentimientos, especialmente si son negativos y se pueden usar en tu contra. Ella siempre está en contra de tus deseos sin sentir vergüenza o pensamiento. Cada intento en su autonomía pasada se resiste fuertemente mientras que los ritos normales de paso como salir, usar maquillaje y aprender a afeitarse están permitidos después de insistir fuertemente y si intentas resistirte, estás fuertemente castigado. Por ejemplo, puede decir que "ya que has crecido lo suficiente hasta la fecha, también puedes empezar a pagar por tu propia ropa". Si intentas pedir derechos apropiados para la edad, control sobre tu propia vida, aseo o incluso ropa, entonces te consideran arrogante y ella ridiculiza tu independencia.

• Una madre narcisista también tiene un favorito. Ella selecciona a un niño, o incluso más, para ser su hijo de oro y el otro, o incluso más, para ser su chivo expiatorio. Ella ofrece a su hijo de oro con todos los privilegios siempre y cuando siga sus instrucciones y haga lo que ella quiera. Ella tiene expectativas de que el niño de oro debe ser respetado por todos en la familia, mientras que el papel del chivo expiatorio es cuidar de la madre. La niña dorada nunca hará algo malo a menos que sea en contra de la voluntad de su madre. Sin embargo, el chivo expiatorio siempre tiene la culpa, lo que crea divisiones entre los niños donde algunos consideran que la madre es maravillosa y sabia, mientras que el resto la encuentra odiosa. La madre narcisista fomenta la división mintiendo con un comportamiento descaradamente injusto. El niño de oro toma un papel activo para defender a su madre y perpetuar el abuso indirectamente al encontrar razones para culpar al chivo expiatorio en lugar de la madre. La niña dorada ayuda a la madre narcisista con sus abusos hacia el chivo expiatorio asegurando que no lo haga solo.

• Una madre narcisista también socava. Sólo puede reconocer los logros de sus hijos si es capaz de tomar crédito por ellos. Sin embargo, si no la benefician, ella disminuye o ignora todos los logros o el éxito. Cada vez que estás en el escenario y ella no puede tener la oportunidad de ser el centro de atención, ella responde negativamente tratando de prevenir la ocasión por completo; se pierde el evento, deja la ocasión temprano, actúa como si no fuera un gran problema, o incluso dejar un comentario negativo de que alguien más hizo mejor que tú. Incluso crea peleas innecesarias para socavarte y te hace sentir desagradable justo cuando estás a punto de hacer un movimiento importante. A menudo retira sus esfuerzos y atención cada vez que tenga oportunidades que no le gustan y se niegue a hacer incluso las pequeñas cosas para apoyarlo. Ella actúa desagradable hacia las cosas que encuentras alegres y aquellos que están conectados a tu éxito que te hace sentir inútil incluso si ella no lo dice directamente. Ella siempre se asegura de que independientemente de los esfuerzos que usted está poniendo hacia su éxito, ella te lleva a la fijación para ello.

• Ella siempre denigra, critica y degrada: Una madre narcisista se asegura de que usted sea consciente de todas las pequeñas cosas. Ella piensa menos de ti en comparación con lo que hace con otras personas o tus hermanos en general. Si en cualquier caso, usted se queja de maltrato por parte de otra persona, ella toma inmediatamente la posición de la otra persona para atacarlo incluso si ella no sabe nada acerca de la otra persona. Nunca reconoce sus quejas ni sobre los jueces de esas personas. Lo que le importa es hacerte sentir que nunca tienes razón. A menudo, ella dirá algunas púas generalizadas que a menudo son difíciles de refutar. Por ejemplo, "Nadie podría soportar las cosas que haces", "siempre eres un alborotador", "eres muy difícil de vivir", "nunca terminas nada de lo que empiezas", "siempre eres difícil de amar", "siempre eres difícil". Sin embargo, siempre se queja de sí misma de una manera lateral. La oirás quejarse de que todo el mundo es tan egoísta, a nadie le importa, ama o hace algo por ella mientras eres la única persona en la habitación. Esta es una combinación de crítica y negación.

Si estás teniendo un problema desconocido. algo que usted participó también, mostrándole que no le gustaba acerca de usted. Ella siempre tratará de mostrarte cómo su relación con otras personas es maravillosa de una manera que te hará darte cuenta de que no es lo mismo entre ustedes dos. En este caso, el mensaje silencioso que está tratando de comunicar es que realmente no le importas. Ella ignora los descuentos y minimiza sus opiniones y experiencias. Ella conoce sus ideas con acusaciones, negaciones y condescendía. Por ejemplo, mientras estudia, dirá irónicamente: "Creo que lees demasiado". Además, ella eliminará lo que usted diga, incluso en esos campos, se le reconoce como un experto. Te enfrenta con sonrisas y abusaste del sonido o algunas exclamaciones exageradas y se asegura de que no escuche ni haga lo que tú digas.

• Ella se asegura de que te veas loco. Si en cualquier caso, tratas de encontrarte con ella sobre algo que ha hecho, ella te insulta diciéndote que tienes una imaginación vívida. Esto es común en todo tipo de narcisistas para invalidar su experiencia sobre su abuso. También abusa de ti para no entender de lo que estás hablando. Ella finge olvidarse de eventos muy memorables negando como nunca sucedió, y cuando se lo recuerdas, no admite ninguna posibilidad que ella podría haber olvidado. Esta táctica se conoce como "iluminación de gas", e implica un comportamiento muy agresivo y excepcionalmente endurecedor que es común en todo tipo de narcisistas. Ella socava tus percepciones de la realidad que mata tu confianza en tu poder de razonamiento, tu memoria e intuición, lo que te convierte en una completa víctima de ella. Además, las madres narcisistas siempre son luz de gas. Escucharás que te dicen que eres inestable para escuchar ciertas cosas. Se refieren a ti como demasiado reactivo, completamente irrazonable, histérico, siempre imaginando o demasiado sensible.

Una vez que haya construido estas falsas fantasías de tus patologías emocionales, las compartirá con otros mostrándoles lo indefensa y la víctima que es contigo a tu alrededor. Siempre dice ser inocente y dice que no entiende por completo por qué estás tan enojada con ella. De hecho, terminas siendo el que la lastimó y piensa que necesitas psicoterapia. Ella afirma lo mucho que ama y se preocupa por ti y haría cualquier cosa para verte feliz, pero ella no entiende cómo. Según ella, todo lo que haces es empujarla cuando todo lo que quería era ayudarte. Se queja de que ha sacrificado sus responsabilidades por tu empatía y concluye que algo está realmente mal en ti. Ella usa esto como un arma para socavar tu credibilidad con sus oyentes al elaborar claramente lo perfecta que desempeña su papel como madre.

• Una madre narcisista también tiene envidia. Cada vez que haces algo bien, ella se envidiosa y enojada, que sólo desaparece si ama lo que sea que te haga tener éxito. Si no, ella hará intentos de estropearlo por ti, tómalo de ti o obtendrá lo mismo, pero mejor para sí misma. Ella siempre se asegura de que ella está en el camino correcto para obtener lo que otras personas tienen. La envidia de las madres narcisistas va mucho más allá para incluso competir sexualmente con sus hijas o nueras. Están prohibiéndoles activamente que se acicalen o incluso usen maquillaje, al mismo tiempo que critican su apariencia. La envidia también puede extenderse a las relaciones donde la madre narcisista interfiere con el matrimonio de sus hijos y la crianza de sus nietos.

• Una madre narcisista se encuentra en numerosas maneras de coun. Cada vez que está hablando de algo que tiene algún significado emocional para ella, es justo decir que está mintiendo. Es la única táctica que utiliza para crear un conflicto en las relaciones y entre las personas con las que vive. Ella miente sobre sus sentimientos, lo que han hecho y lo que otras personas han dicho sobre ellos. Ella miente sobre la relación entre ustedes dos, su situación, o incluso su comportamiento para asegurarse de que su credibilidad siempre se ve socavada. Sin embargo, ella siempre es cautelosa sobre cómo y cuándo miente. Para los forasteros, lo hace de una manera deliberada y reflexiva que se puede cubrir si se enfrenta. Ella cambia lo que dijiste para tomar un significado negativo al poner algunas interpretaciones deshonestas sobre lo que hiciste. Cuando se involucra en algo malo, usa mentiras preventivas y habla antes de que digas nada. Cuando finalmente hablas, ella te confronta con frases como: "Ya lo sabía". Ya que siempre es muy cuidadosa con sus mentiras, es posible que nunca te des cuenta.

Cuando te está mintiendo, lo hace descaradamente. Ella pretenderá no recordar las cosas malas que ha hecho. Ella miente abiertamente incluso si lo que hizo fue tan reciente o es algo imposible de olvidar. Cuando te rindes con la mentira y tratas de hacerla recordar sobre el tema, entonces ella se refiere a ti como tener una "imaginación vívida". Ella te enfrentará con preguntas como, "¿por qué te aferras a los rencores?" Tus conversiones siempre están llenas de cepillos donde te hace sentir inútil. Ella no te respeta y al final de la conversación, hace que no suene bien. Sus conversaciones se basan únicamente en una regla; nunca ganarás. Ella sólo reconoce que está equivocada en muy raras ocasiones y cuando lo hace, admite sin duda. Por ejemplo, usa frases como "podría tener", "adivina", "tal vez" que ha hecho algo malo. Siempre recorta la acción equivocada para que suene bien. Ella usa las frases por culpa porque sabe muy bien lo que hizo.

• Ella quiere ser el centro de atención todo el tiempo: Los niños son la fuente de adoración y atención para las madres narcisistas. Más a menudo, te encuentras haciendo algunas tareas en el momento más apropiado sólo porque ella te ve allí. Encuentras que algo que no tenías que hacer ese día o esa semana tienes que hacerlo a petición de ella. Crea ocasiones obsoletas sólo para estar en el centro de atención, como el memorial de alguien que murió hace mucho tiempo. Ella opta por ser la artista para que pueda ser la vida de su propio partido y hará intentos de distraer o estropear cuando alguien más arrastra la atención, especialmente si es el momento de su hijo chivo expiatorio. Siempre se invita a sí misma en momentos en los que no es bienvenida. Cuando alguno de ustedes hace una visita, ella requiere que pase el tiempo con ella y entretenerla es interminable. Cuando haces algo sin involucrarla, privas te de su atención o te niegas a esperarla en algo, ella termina siendo enfurecida, manipulada o incluso asesada.

Además, las madres narcisistas mayores usan limitaciones naturales envejecidas como hacer cosas que las enferman como una ventaja. Por ejemplo, si el médico le priva de algunos alimentos, los llevará intencionalmente a enfermarse y, por lo tanto, arrastrar la atención. Cuando se enferman, utilizan todos los medios que pueden llegar a usted y exigen atención inmediata y, por lo tanto, la asistencia. Ella espera que llores por su dolor, le des palmada la mano, corren a su lado y escuches con simpatía su dolor sin fin y lo horrible que es. Sin embargo, esto no te hace mejor; ella te somete a condiciones difíciles que de otra manera podrían haberse evitado. Sin embargo, si no le prestas la atención y el público que está manipulando, te hace ver mal para todos e incluso podría buscar la culpabilidad legal.

• Ella siempre está manipulando sus emociones con el objetivo de alimentarse de su dolor. El comportamiento extremadamente extraño y enfermo es común entre casi todo tipo de madres narcisistas que sus hijos siempre se refieren a ellos como vampiros emocionales. El sadismo es una de las estrategias utilizadas para alimentar estas emociones a los niños. La madre narcisista te está necesitando activamente acerca de las cosas a las que eres sensible, sigue diciendo o haciendo cosas sólo para herirte, se involucra de una manera tormentosa, pero en breve, verías una sonrisa sobre sus labios. Por ejemplo, ella te lleva a una película espantosa en 3D y luego te insulta sobre tu llanto infantil, y luego sonreía encantadamente sobre tu cara hiriente. En muchos casos, se oía la risa en su voz mientras dice cosas angustiosas y estresantes para usted. Entonces la escucharías regodeándose sobre cómo te burló y compartiría cómodamente con otras personas sobre cómo es divertido burlarse de ti que son como reclutarlos para compartir su diversión. Ella parece disfrutar de sus crueldades y no tiene ningún segundo pensamiento acerca de disfrazar eso. Ella deja claro que tu dolor es parte de su diversión. Más a menudo, ella viene con temas ofensivos y te sondea acerca de ellos mientras observa de cerca su reacción.

Además, este modo de vampirismo emocional implica tanto una demanda que el público sufre mientras busca atención como. Las madres narcisistas siempre actúan como mártires que toma la forma de autocompasión y desgarradora. Ella sigue llorando y sollozando que todo el mundo es tan egoísta y nadie la ama y que ella no quiere vivir; ella quiere morir. Ella se preocupa menos por cómo su manipulación afecta a otras personas, que es uno de los principales comportamientos de las personas narcisistas. Ella es capaz de crear dramas en medio de las tragedias de otras personas que muestran cómo está sufriendo.

• Ella es intencional y egoísta. Una madre narcisista siempre se asegurará de que gane lo mejor de todo. Ella sigue y cree en sus propios caminos y lo perseguirá manipulante y despiadadamente, incluso si le costará algunos esfuerzos adicionales o pasar el comportamiento normal. Ella hace enormes esfuerzos para ganar algo que le negaste incluso si tenías razón acerca de que ella no lo tenía o ella lo exigió de una manera irrazonable y egoísta. Si usted está teniendo una fiesta y notificarle para traer a sus amigos, ella se asegurará de que sus amigos vendrán incluso si ella no había planeado sobre eso. Ella mentirá que usted es quien los invitó a llevar la carga de ceder o tomar la decisión de avergonzarlos en sus puertas. Si, por ejemplo, ella quiere venir a su casa y usted se niega, ella decide llamar a su cónyuge y termina con el permiso. Sin embargo, ella no te notificará y aparecerá como una sorpresa que será una vergüenza total para ti.

Además, dado que la mayoría de las madres narcisistas son egocéntricas y egoístas, una de las principales características comunes con todas ellas es que son malas donantes. Recibirán cosas de mercado o manos abajo para sí mismos como regalos para usted. Por ejemplo, pueden darle su vieja bicicleta como regalo y comprar una nueva para sí mismos. Creen que las cosas nuevas no te convienen y argumentan que eres un quid pro quo. Sin embargo, si la sorprendes con algo que le gusta, entonces probablemente te comprará algo de tu elección, pero ella se asegurará de que te des cuenta de cómo le duele darte algo. Como resultado, ella podría comprarte un artículo y obtener un artículo idéntico para sí mismos o pueden elegir llevarte de compras, comprarte un regalo, y al mismo tiempo, comprar algo mejor para ella misma para que se sienta mejor.

• Avergüenza regularmente a sus hijos. Las madres narcisistas siempre usan el avergonzamiento como arma para asegurar que sus hijos nunca desarrollarán autoestima o identidad constantes para asegurarse de que nunca se volverán lo suficientemente independientes como para vivir sin su aprobación o validación. Ella avergüenza públicamente a sus hijos por no lograr mucho personal, profesional, social o incluso académicamente. Ella los avergüenza con respecto a sus preferencias, personalidad, manera de vestir, estilo de vida, amigos, pareja y opciones de carrera. Cuando sus hijos actúan con cualquier sentido del albedrío, averguenza el siguiente temor de que pierda poder y control. Como consecuencia, infunde una sensación de no ser lo suficientemente buena independientemente de sus logros.

• Las madres narcisistas están marginadas. Es extraño pensar que algunas madres narcisistas se ven amenazadas por el éxito, la promesa y el potencial de sus hijos y los enfrenta negativamente desafiándolos a su autoestima. Una madre narcisista se siente amenazada y, como resultado, hace algún esfuerzo para dejar a su hijo para que sigan siendo superiores. Algunos de los ejemplos de una madre narcisista marginada incluyen rechazar el éxito y los logros de sus hijos, la comparación injusta con sus compañeros, las críticas y juicios irrazonables, y la selección de nit. Por ejemplo, una madre narcisista enfrentaría a su descendencia con frases como: "Nunca serás lo suficientemente bueno".

Capítulo 5

─ ─ ─ ─ ─ ❧❦❧❦ ─ ─ ─ ─ ─

El futuro de su relación

El futuro de cómo se verá tu relación con tu madre en última instancia va a depender de ti y de lo que creas que será lo mejor para tu situación. Dicho esto, te aconsejo tomar un largo descanso de hablar con tu madre mientras te curas de su abuso y luego te relajas de nuevo en cualquier tipo de relación que puedas compartir si este es el camino que eliges. Intentar sanar del abuso de su madre mientras se mantiene atrapado en el ciclo manteniendo una relación bastante cercana, o al menos una relación consistente, durante el ciclo de curación puede interrumpir sus resultados. Es posible que te encuentres constantemente siendo arrastrado de nuevo a pesar del esfuerzo que pones en la curación, lo que puede dejarte sintiéndote extremadamente mal contigo mismo.

Con las madres narcisistas generalmente hay tres maneras en que la relación puede ir: puedes romperse por completo, puedes tener una relación pequeña, o puedes tener una relación consistente con límites fuertes. Lo que elija dependerá de los métodos de afrontamiento elegidos y del nivel de relación que pueda manejar personalmente sin sentirse afectado por su abuso. Esto significa que después de su descanso usted debe construir lentamente su relación de nuevo y no exceder lo que se siente bien para usted, para asegurarse de que no se succiona en viejos comportamientos que podrían conducir a una recaída completa en su relación.

Qué hacer si su relación debe terminar completamente

La idea de que tu relación con tu madre podría tener que terminar completamente puede ser increíblemente dolorosa, especialmente si has pasado una gran parte de tu vida esperando que mejore. Hasta este punto de tu vida, es posible que hayas estado bajo la influencia de la creencia de que de alguna manera podrías contorsionarte para mejorar las cosas y que esto llevaría a tu madre como tú más y tu relación es fija. Desafortunadamente, esto no es real y no hay una verdadera esperanza de que tu relación sea la que quieres que sea, tan difícil como eso es admitir. Créeme, me llevó mucho tiempo y muchas recaídas en mi relación con mi madre darme cuenta de que nunca iba a ser la madre cariñosa, solidaria y amorosa que quería y necesitaba.

Si te encuentras en una posición en la que tu relación debe terminar completamente, puede ser ya que el abuso de tu madre es extremo, posiblemente al borde de la violencia, o causando toxicidad grave y trauma en tu vida. Tu madre puede ser abusiva hasta el punto en que no puedes tener ni una sola conversación con ella sin que ella cree una red de abuso, lo que te lleva a sentir que necesitas terminar la relación por completo. En este caso, lo que tienes que hacer es cortar completamente todos los lazos y mantener esos lazos cortados. Si te encuentras en una situación en la que la gravedad del narcisismo está tan avanzada que debes cortar lazos, debes recordar por qué la situación se adelantó. Cuando te encuentras queriendo recaer en una relación con tu madre, debes recordar la razón por la que ya no tienes una relación con ella en primer lugar. Si vas y vienes en relaciones que son tan dañinas puede ser aún más perjudicial a medida que comienzas a experimentar el trauma de tu madre, así como el trauma de ti mismo cada vez que te "permites" ser absorbido. Esto puede convertirse en un gran punto de culpa, y puede hacer que la curación sea aún más difícil, por lo que se recomienda encarecidamente que si usted toma esta decisión se adhieren a ella.

Qué hacer si necesita minimizar su relación

En algunas situaciones, es posible que no necesites, o tal vez no puedas, terminar completamente tu relación con tu madre. En este caso, es ideal que minimices tu relación con ella. Minimizar tu relación puede verse como quieras que se vea, pero en última instancia requiere que evites ver o hablar con tu madre constantemente. Es posible que solo te encuentres hablando con ella cuando sean las vacaciones y estés juntos en una reunión familiar, o posiblemente hasta una o dos veces al mes. La frecuencia de esta relación depende en última instancia de ti y de lo que realmente sientas que puedes manejar con tu madre.

Esta es la zona donde me caigo con mi madre. El resto de mi familia está bastante cerca y quiero asegurarme de mantener una relación con ellos, lo que inevitablemente significa que necesito estar cerca de mi madre de vez en cuando. Aparte de estas visitas, sin embargo, no me comunico con mi madre porque no me parece correcto hacerlo. Me siento más fuerte cuando experimento la vida por mi cuenta que cuando intento celebrar con mi madre o confiar en mi madre sólo para ser satisfecha con indisponibilidad emocional y abuso. Por esa razón, este es mi mejor método de afrontamiento. Incluso con la mínima cantidad de tiempo que vemos y hablamos entre nosotros, todavía se necesita una fuerza inmensa para mantenerme firme en mis métodos de afrontamiento y abstenerme de ser absorbido por el drama y el abuso de mi madre.

Qué hacer si necesita mantenerse consistente en su relación

Algunas hijas continuarán teniendo una relación bastante consistente con su madre, incluso después de que sanen del narcisismo. Esto es a menudo muy poco común, sin embargo, ya que puede ser extremadamente difícil permanecer verdaderamente alejado de la disfunción cuando usted todavía está expuesto regularmente a su madre y todos sus síntomas. Las hijas que se encuentran capaces de comunicarse constantemente con sus madres y mantener relaciones de alta frecuencia requieren enormes cantidades de fuerza para poder mantener sus límites y mantenerse fuertes. Es increíblemente difícil romper la dinámica entre la madre y la hija en este escenario porque la madre ya lo tiene tan arraigado en ella, y es todo lo que la hija ha conocido desde su nacimiento. En estas relaciones, la madre a menudo sabe exactamente qué decir para presionar los botones de su hija para forzarla a volver al ciclo de abuso.

Debido a la complejidad del narcisismo y el tacto y el abuso calculado que reparten, es importante darse cuenta de que la probabilidad de que puedas mantener una relación consistente con tu madre y sanar de su abuso es altamente improbable. Si intentas conservar este tipo de relación, hay una buena posibilidad de que lo estés haciendo debido a su aseo y condicionamiento para obligarte a creer que es necesario y que de alguna manera eres una mala persona si no lo haces. Incluso puede ser debido a que ella te mancha y abusa de ti si tratas de defenderte y alejarte del abuso.

Asegúrate de que si vas a probar esto consideras fuertemente por qué lo estás haciendo y que si lo tienes, trabajas constantemente en aumentar tu fuerza y límites y mantenerlos en tu relación. Nunca puedes bajar la guardia aquí, o tu madre verá la oportunidad e intentará aprovecharla. No importa lo lejos que llegues a protegerte, tu madre siempre estará tratando de abusar de ti a lo largo de toda tu vida. Probablemente incluso llegará a usar el cumplimiento como una manera de mostrarle que la relación puede ser "todo mejor" para des alijarse, sólo para comenzar la dinámica de nuevo. Siempre debes ser cauteloso y tener el control de esta relación, pase lo que pase. Por esa razón, es probable que sea demasiado agotador para que usted pueda mantener y no es una buena idea apuntar a este tipo de relación.

Capítulo 6

───── ✨⚜✨ ─────

Madres narcisistas y sus hijos

Una relación que un hombre tiene con su madre es tan complicada como una relación con una hija y su madre.

Creo que lo que sucederá es que a medida que avancemos más y más hombres van a tener que enfrentar lo que realmente está en la raíz de algunas de las cosas con las que están luchando. Una madre narcisista es alguien que no es capaz de sintonizarse con sus hijos, por lo que sus hijos son como las que posee; su propiedad y se lo deben.

Un primer área específica de la relación entre el niño varón y la madre narcisista es su comportamiento con todas las personas que tienen una relación con su hijo.

La madre narcisista es agresiva, abrasiva e intolerante. Para ella todos los demás son un imbécil, todos los demás son estúpidos especialmente otras mujeres. Por lo tanto, es un poco más fácil ver que esta persona es narcisista, pero podrías tener madres narcisistas donde no es tan fácil de detectar.

Una madre narcisista encubierta puede salir como si realmente se preocupara por su hijo y es posible que no puedas presenciar o entender que hay una dependencia que se está fomentando.

En ambas situaciones (encubiertas y encubiertas) las madres narcisistas están usando a sus hijos como fuente de suministro.

Hay una inversión sucediendo, hay un deseo inconsciente de consumir al hijo y crear una dependencia que es tener siempre una fuente de suministro. Para que el hijo nunca tenga la capacidad de salir y convertirse en un individuo separado de ella.

La agenda de la madre narcisista es asegurarse de que ella es la número uno, para asegurarse de que este joven nunca salga y la deje. Así que otras mujeres son consideradas una amenaza, ella considerará a sus amigos una amenaza y ella encontrará algo malo con cada persona que su hijo trae en la casa. Ella tendrá un problema con las madres de sus amigos o los padres de sus amigos, ella tendrá un problema con cada maestro que su hijo tiene.

Otro gran problema es la relación con su marido y su padre de su hijo. A menudo una madre narcisista se ha casado con un hombre muy codependiente. Ella lo pone frente a los niños y se burla de él sexualmente. Muchos hombres han sido testigos de cómo sus madres narcisistas han maltratado a sus padres frente a ellos, tal vez no delante de los vecinos y otros miembros de la familia, pero a puerta cerrada definitivamente.

Este es el tipo de caos que ocurre cuando tienes una madre narcisista y un padre que es codependiente y ha sido emasculado y constantemente golpeado.

Si eres el hijo de esta pareja, probablemente no tienes idea de cómo ir contra este tipo de personalidad. Estás siendo abandonado emocionalmente por este hombre que se ha quedado sin vapor. Va a trabajar, vuelve a casa para ser criticado y tiene que dormir en el sofá.

Nada de lo que hace es lo suficientemente bueno. Siempre hay algo de qué quejarse y por eso has sido abandonado por este hombre que debería enseñarte a defenderte y no ser abusado, pero eso no está sucediendo.

En la otra cara de la moneda, este es tu padre a quien tu madre está poniendo y no te das cuenta de que lo que está haciendo es realmente condicionarte a tener miedo, a ser como él.

Ella está tratando de asegurarse de que te sientas dependiente de ella y obligado a ella y tengas la sensación de decepción. Está tratando de encontrar una manera de asegurarse de que no le hagas lo que tu padre le ha hecho, que es abandonarla, porque así lo ve.

Mamá necesita saber que su hijo la ha puesto en el centro de su vida. Por lo tanto, el hijo de una madre narcisista está aterrorizado, viviendo en un estado de supervivencia. También está la pérdida del yo y esto es un problema en términos de desarrollo emocional.

Al niño no se le permite sentirse lo suficientemente libre para explorar su entorno sin miedo, por lo que hay mucha inseguridad en el joven que tiene una madre narcisista y que se traslada a la adolescencia cuando este joven quiere traer a casa una cita.

La mamá encontrará un problema con la fecha y en realidad jadeará la fecha creando muchos problemas. El hijo recibirá el mensaje de que la mamá no está feliz de que trajo a la niña a casa. Declaraciones como "Esa chica sólo te quiere por tu dinero", "Esa chica va a salir y quedar embarazada por ti", o "Vas a tener que apoyarla a ella y a algún niño por el resto de tu vida" se flotarán por ahí. Podrías tener 12 años y ese es el tipo de mierda que tu madre te estará diciendo, así que estás recibiendo el mensaje.

También sucede que las madres narcisistas siempre jugaban enfermas en el momento en que su hijo quiere salir a jugar béisbol o decirle que tiene novia. Mamá se enfermaba y el niño tenía que abandonar y probarle a su madre que ella es la número uno en su vida y esto se repite una y otra vez.

Hay mucho miedo a decepcionar a mamá. Te sientes obligado a poner sus necesidades en primer lugar y cuando te estás enfocando en tratar de complacer a mamá, te estás perdiendo a ti mismo. Cuando esto se convierte en un problema para ti, no tienes la capacidad de conectarte a él, por lo que sientes que tienes baja autoestima y careces de identidad.

Ahora, cuando estás cerca de otras personas te sientes insegura, tienes ansiedad, pero no es culpa tuya.

A medida que envejeces, te casas y tienes hijos, tu madre narcisista será un problema porque quiere asegurarse de que usted entienda que ella es la primera y ella quiere asegurarse de que las mujeres en su vida e incluso sus hijos saben que mamá es lo primero antes Todo.

Mamá narcisista verá a las mujeres en su vida como competidoras. Tu esposa definitivamente se sentirá como si hubiera una amante en la habitación y aunque no te acuestes con tu madre, esta energía será parte de tu vida.

Estarás en conflicto si no sabes que mamá es una narcisista y que está tratando de controlarte y quiere tomar el centro del escenario y ella realmente no se preocupa por ningún caos que está creando en tu vida.

Entonces si no eres consciente de eso, podrías estar confundido y podrías empujar a tu esposa hacia atrás porque tienes todos estos conflictos y has sido arreglado desde que eres un niño para preocuparte por mamá.

También podrías tener un miedo tremendo acerca de cortar a tu esposa, que es lo que tu mamá quiere hacer. Cuando eso sucede, ella ha ganado el control sobre un miedo muy primitivo, que es el miedo de ser abandonada por la persona que te creó. Eso es como la muerte de un recién nacido.

Tal vez no te des cuenta de que tu madre es intrusiva, que habla mal de tu esposa, que no tiene compasión ni empatía por ti, ni tiene compasión o empatía por tu esposa. Tal vez no reconozcas que mamá habla mal de todos. Es posible que no reconozcas que a mamá le cuesta mantener amistades.

Es posible que no te des cuenta de que mamá tiene que ser superior a todo el mundo, que mamá podría tener un problema con la bebida, un problema de compras, un problema de juego o que podría haber alguna adicción subyacente que no conoces.

Y debido a que te ha preparado para que tengas miedo de poder establecer un límite, tú como hijo de una madre narcisista puede tener problemas matrimoniales o problemas de relación con mujeres que están sintiendo este calor de mamá.

Este tira y aunó de guerra en la mente del hijo de las madres narcisistas podría ser serio. Ellos aman a su madre, que les ha condicionado a tener miedo demasiado para dejarlos ir. Además, están luchando con la adicción o baja autoestima, o esa situación en la que te sientes como un extraterrestre en tu propia piel.

Si eres un hijo de madre narcisista, es posible que tengas una disonancia cognitiva tremenda. Podrías amarla y odiarla al mismo tiempo. Podrías tener una rabia tremenda cuando se trata de mujeres porque estás tan enojada con tu madre, pero es posible que no entiendas de dónde viene... y esa rabia es válida. Esto no significa que abuses de las mujeres o culpes a tu novia, a tu hija o al cajero que conoces en la tienda de la esquina.

Lo que significa es que como hijo de una madre narcisista, reconoces que has sido abusado. Significa que reconoces que no se te ha permitido crecer, desarrollarte y sintonizarte con lo que es correcto. No se te ha permitido ser quién eres. Te han atornillado tus emociones.

Has sido manipulada y jugueteada con la agenda de esta mujer y la ira y la rabia que sientes que es válida y por eso es importante resolver esto.

En psicoterapia, es importante resolver esto con alguien que lo haga bien. Es muy importante que si vas a entrar en terapia encuentres a alguien que esté bien versado en el narcisismo, especialmente cuando se trata de ser el hijo de un narcisista. Esta persona debe ser capaz de permitirle expresar su ira y rabia y sacarlo todo. Puedes resolverlo para que puedas ser más lógico y racional sobre cómo te sientes para que puedas tomar decisiones con respecto a tu futuro.

No es tu culpa si has experimentado codependencia. Muchos hombres que tienen madres narcisistas se encuentran codependientes. Tienden a ser el tipo de hombres que las mujeres caminan por todas partes, tienen miedo de enojar a las mujeres, atraen a las mujeres que mienten y se aprovechan de ellas.

También hay otra visión de esto: algunos de estos hombres terminan con altos rasgos narcisistas ellos mismos. Donde en algunas situaciones, mamá ha puesto a su hijo en un pedestal y mamá parece muy dulce y muy cariñosa y muy cariñosa y todo eso, pero hay casi un incesto emocional que puede suceder y mamá no es tan cándida como otra madre narcisista. Es un poco pasiva-agresiva en sus comentarios sobre las mujeres. Ella es pasiva-agresiva acerca de estar sola, pero el mensaje es "nunca me dejes, tengo que ser el primero". Por lo tanto, ella podría decir cosas como "esa chica no es lo suficientemente buena para ti" o "debería tratarte mejor".

Pero entonces, lo que sucede podría ser como un equipo de parejas madre-hijo y si no eres consciente del enredo y la dependencia de la aprobación de mamá y la necesidad de validación y la forma en que está manipulando la situación, te aseguras de que ella sea la diosa de tu vida para siempre.

Si no eres consciente de lo que está pasando, si no sabes que eso es disfuncional y que no le has cortado el cordón a mamá, entonces cuando atraigas a una mujer a tu vida habrá una competencia y serás tú y tu madre contra esta mujer.

Si eres el hijo de una madre narcisista, hay muchas maneras en que esto puede salir a la obra. Si tienes una madre narcisista, podría ser más fácil para ti verla y podrías ser capaz de reconocer que tu madre te volvió contra cada mujer que alguna vez trajiste a la casa y ella habló mal de todos: cada hombre, cada mujer , todos los niños.

Ella acaba de infundirte la idea de que el mundo es un lugar aterrador porque quiere que seas el número uno en tu vida para ser y estar seguro de que siempre tiene esta fuente de su suministro narcisista.

Una madre sana sabe que es su trabajo preparar a su hijo para cuando ya no está aquí en el planeta Tierra. A las madres narcisistas no les importa, se sienten con derecho a explotarte emocionalmente, te culparán y te harán sentir como si no estuvieras tomando las decisiones correctas, crearán una gran culpa dentro de ti, una gran vergüenza dentro de ti.

Será difícil para ti tomar una decisión sin tu madre, así que de adolescente te golpeará e insinuará que no estás haciendo nada bien. Esa es la madre narcisista que es más fácil de ver. Si quieres hacer las cosas por tu cuenta, ella encontrará maneras de encenderte el gas, ella encontrará maneras de insinuar que es una idea estúpida, y ella encontrará maneras de cortar tus alas.

A medida que crezcas y atraigas a las hembras, tendrás que encontrar algo malo con cada hembra. Si te casas, tu madre será una fuente constante de dolor para ti y tu esposa, ella se resentirá de tus hijos, ella resentirá a tu esposa, y ella te resentirá.

Cuando le digas que algo maravilloso pasó, ella encontrará la manera de degradarlo. Su agenda es que te preocupes por ella, si le das alguna idea de que está siendo reemplazada va a haber un problema. Es importante si eres el hijo de una madre narcisista, puedes sentirte muy conflictivo y tener ira y rabia si no eres consciente de lo que está pasando.

Hay hijos adultos de madres narcisistas que se convierten en personas-por gustadoras y felpudos para las mujeres y en realidad atraerán a las mujeres que son abusivas hacia ellos, porque no sabrán cómo establecer límites. Y es sólo una repetición, es como si se casaran con su madre.

Y luego hay hombres que toman rasgos narcisistas, por lo que sienten conflicto con su madre. Se sentían controlados por sus madres, así que su agenda es que ninguna mujer me va a controlar, ninguna novia o esposa me va a controlar porque son un poco más conscientes de lo que sienten por su madre. Incluso podrían odiar a su madre.

Todavía podrían querer una relación con una mujer y una relación sexual incluso, pero podrían luchar con el conflicto porque su madre era tan tirante. Hay muchas maneras en que esta programación puede manifestarse en tu vida, así que es importante que entendamos que lo que nos pasó en nuestra infancia porque nos afecta como adultos.

Debes entender lo que te ha pasado como resultado y debes entender las tremendas consecuencias que ha tenido tener una madre narcisista.

Te han dicho que la vida da miedo cuando se trata de casarte siempre existe la posibilidad de que te divorcies y siempre existe la posibilidad de que te abandone una mujer.

Siempre hay una posibilidad de que los problemas de abandono se manifiesten. Eso es realmente algo de lo que tenemos que sanar especialmente si tenemos madres narcisistas porque ese miedo podría hacer que seamos emocionalmente evitados y no disponibles. Podría hacernos ser muy narcisistas porque tenemos miedo de ser abandonados.

Es tan importante que todos reconozcamos cómo el tener padres narcisistas nos afecta como adultos y tenemos que sanar esta herida abierta dentro de nuestros corazones que ha sido creada por este padre narcisista.

Tenemos que ser vulnerables, pero tenemos miedo, tenemos miedo de ser envueltos y enredados. Tenemos que confiar en la gente, pero no confiamos en la gente. Tenemos la necesidad de ser amados, pero no nos amamos a nosotros mismos.

Esto es lo que sucede como adultos y así que si eres el hijo de una madre narcisista, hay ayuda. Lo más importante que puedes hacer es investigar y entender las consecuencias de lo que te ha pasado.

Entiende que si has tenido un padre que ha sido golpeado por una madre narcisista y no has visto a un hombre afirmar límites y como resultado no sabes cómo reservar límites con una mujer o con otras personas, no es tu culpa.

No es tu culpa si tienes una madre que te pone en un pedestal y ahora, estás empezando a darte cuenta de que ella creó una dependencia de ti para que nunca la dejaras a ella y nadie, ninguna otra mujer la reemplazaría.

Cuando estás empezando a ser consciente de eso, podrías empezar a sentirte enojado, y eso es normal porque te robaron tu infancia. Tu inocencia y tu capacidad para sentirte vulnerable te fueron robados.

Entonces, tu ira es válida, pero eso no significa que ahora vayas a patear al perro o que se lo lleves a otras hembras inocentes. Significa que haces tu trabajo. Significa que lo descubres con un maravilloso psicoterapeuta.

Es posible que debas hablar con especialistas y psicoterapeutas que son expertos en el área del abuso narcisista y el trauma infantil y aquellos que sientes que pueden sintonizarte contigo. Tienes que pensar en todo eso antes de entrar en terapia.

Es muy importante que si vas a tratar con el psicoterapeuta, tratas con alguien que cuando lo entrevistas sientes que tiene la capacidad de sintonizarte contigo porque lo que te ha pasado es que has tenido tus sentimientos completamente invalidados y han sido marginados.

Tienes un gran conflicto dentro de ti. Tienes la necesidad de sentirte bien visto. Tienes la necesidad como hombre de poder expresar cómo te sientes verdaderamente; sentir acerca de su madre en un lugar seguro sin ser juzgado.

Tus amigos podrían decir que no deberías sentirte así por tu madre o podrías tener un terapeuta diciendo que tienes que perdonar a tu madre. Pero con el terapeuta adecuado puedes aprender a establecer límites con otras personas y saber que si estás en una relación con alguien o no eres suficiente, que tienes tu identidad, que tienes derecho a ser feliz, un derecho a sintonizarte con tu inna te regalos, y usted tiene derecho a la alegría.

Así que, hay esperanza de que aquellos de ustedes, esos hijos con madres narcisistas, se sientan escuchados. No es tu culpa, fuiste criado por una madre narcisista y la buena noticia es que puedes sanar. La buena noticia es que puedes reclamar tu derecho a una vida sana y feliz.

Usted puede aprender a amarse a sí mismo y tener relaciones más saludables con otras mujeres, puede atraer diferentes tipos de mujeres. Debes saber que hay esperanza para ti.

Capítulo 7

————— ❧❦ஜ❦ —————

Cómo tratar con padres narcisistas

El verdadero problema de los padres narcisistas es que no sólo son selectivamente narcisistas. Mucha gente se molestará con sus padres por ser vergonzoso en las juntas familiares o por ser regordeta o necesitada. Sin embargo, los padres narcisistas superan con creces el ámbito aceptable de la crianza vergonzosa y molesta hasta el punto de ser enormemente perjudiciales para el desarrollo emocional de su hijo. Los padres narcisistas cometen uno de los errores más graves de todos los padres: preocuparse más por sí mismos que por sus hijos.

Una de las preguntas más grandes que te haces cuando has sido criado por narcisistas y te cansas de sus juegos mentales es cómo puedes lidiar con ellos ahora que eres mayor de edad. Hay algunos escenarios diferentes que vamos a ver, pero todos ellos son relativamente propicios para la idea de superar la comprensión descuidada e hiriente de la madre narcisista y / o padre.

Vamos a empezar a abordar esto recordando algo que hemos abordado varias veces en este libro: la necesidad absoluta de admitirse a sí mismo que sus padres no son perfectos. Una de las partes más difíciles de pasar del abuso, en general, es admitir que había un problema en la situación y que, por desgracia, no estabas por encima de las horribles y repugnantes probabilidades del universo. Le puede pasar a cualquiera y, por desgracia, te puede pasar a ti.

Te voy a proponer algo absolutamente impensable. Tal vez no necesites mantener contacto con tus padres. En el siglo pasado, especialmente en el último medio siglo, las actitudes sociales hacia las relaciones parentales han cambiado un poco. Por un parte, ha comenzado a haber mucha más conciencia sobre el abuso mental, emocional y físico. Estas cosas que normalmente pasaron sin cuestionar o que fueron simplemente vistos como una dura realidad de la vida de la que realmente no se hablaba comenzarían a ser vistos como grandes fuerzas negativas. Ya no existe una tolerancia social a los matices violentos o abusivos dentro de la estructura familiar.

Además de esto, la gente también ha comenzado a ver dejar caer a los padres como una opción realista en respuesta a situaciones abusivas. Sin embargo, algunas culturas fruncen el ceño ante esta noción, ya que la mayoría todavía ponen énfasis en mantener los lazos familiares por encima de todo y, en última instancia, tener una reverencia extrema por sus padres, ya sea que realmente lo merecen o no.

Afortunadamente, sin embargo, la realidad no necesariamente enfrenta esta idea, y la noción de dejar el contacto con los padres abusivos ha comenzado a ser visto como una opción más viable en el clima actual. Si bien todavía te dará algunas miradas extrañas, cada generación está aceptando cada vez más la elección de las personas afectadas de cortar lazos con sus padres abusivos o narcisistas.

Así que, en esencia, lo primero que debes hacer para tratar con los padres narcisistas es limitar el efecto que pueden tener en ti tanto como puedan. Realmente, esto es lo mejor que se puede hacer en general, por lo que gran parte de este capítulo se centrará en este aspecto. La cosa es que el narcisismo en última instancia se reduce a cómo una persona expresa el control sobre otra y cómo obligan a la persona a validar su imagen de sí misma y su ego increíblemente frágil. Por lo tanto, no es raro que los padres narcisistas mantengan cualquier medio que tengan para expresar el control sobre ti. Por esta razón, es importante que pueda cortar estos lo más rápido posible.

Si aún no ha sucedido, primero debe saldar un plan. Si sigues viviendo con tus padres narcisistas, entonces establece un plan discretamente para que puedas mudarte. Es probable que haya opciones disponibles para usted. Por ejemplo, si actualmente asiste a la universidad, es probable que pueda vivir en el campus y hacer que la universidad lo subvencione en una medida u otra, o incluso puede valer la pena tomar préstamos para la mejora de la calidad de vida que le traerá.

Lo siguiente que tienes que considerar es lo que actualmente y dependes activamente de ellos para si acaso. ¿Son tu salvavidas de una manera u otra? ¿Están manejando cosas como su factura de teléfono o el pago de su seguro de automóvil? Si es así, necesita incorporar estas cosas en su plan. Calcule sus costos personales para hacerlos por su cuenta e incorpórelos al costo total de vida en los precios de alquiler que está estimando.

La triste verdad es que si este tipo de cosas existen, tus padres las mantendrán sobre tu cabeza si intentas mudarte. Ellos amenazarán con cortarlos de todos modos, por lo que también podría tener un plan para cuando hacen exactamente . Si ya te has mudado, o estás fuera para la universidad, y todavía están tratando de mantener algún tipo de control innecesario sobre tu vida - un ejemplo podría ser negarse a permitirte salir en la universidad, o de lo contrario apagarán tu teléfono o dejarán de pagar los pagos de tu auto o negarse para ayudarle con los pagos de su préstamo - entonces usted necesita todavía afirmar estas cosas en su plan.

Una cosa obvia que vas a tener que hacer es conseguir un trabajo si aún no tienes uno. Desafortunadamente, los padres narcisistas a menudo no permiten que sus hijos consiguen trabajo porque les proporciona un sentido de independencia y los hace menos dependientes del padre narcisista. Por lo tanto, es posible que necesites couchsurf con amigos hasta que tengas suficiente para levantarte. Si esto sucede, sólo reconocer que muy bien puede terminar siendo sin un teléfono o conducir sin seguro durante un mes o dos, así que trate de asignar para estos. Evite conducir si no tendrá seguro y planifique alrededor de los sistemas de transporte público local es uno o intente organizar viajes hacia y desde sus responsabilidades de amigos y compañeros de trabajo.

Realmente, lo que esencialmente estás tratando de hacer es limitar cualquier retención que puedan tener sobre ti para que ya no tengan nada que sostener sobre tu cabeza. Esta puede ser la parte más difícil de todo este proceso, pero la realidad es que si estás tratando con padres narcisistas, hay muy pocas posibilidades de que alguna vez vengan a darse cuenta de que actúan de una manera narcisista. De hecho, las posibilidades son bastante buenas de que nunca van a tener la autoconciencia de hacerlo. Esto le presenta un ultimátum muy desafortunado que nunca realmente pidió: o puede tratar de limitar la cantidad total de interacción que tiene con sus padres y mitigar completamente el contacto con ellos - que es el camino que es propicio para convertirse en algún día completamente curado - o debe continuar el contacto con ellos y arriesgarse siempre a tener esa presencia narcisista y tóxica en su vida.

Al final, es desafortunado, pero si realmente quieres que te den la oportunidad de crecer como persona y empezar a reparar algunos de los traumas que se han producido en el transcurso de ser criado por narcisistas, lo más probable es que tengas que cortarlos o severamente limi el contacto que tienes con ellos.

La triste verdad es que simplemente son incapaces de mantener relaciones saludables porque no tienen ningún deseo de hacerlo. Ninguna cantidad de deseos por su parte solucionará este problema. Por otra parte, no hay cantidad de trabajo en su extremo o intenta que revisen cómo actúan o argumentarlos en considerar por qué son la forma en que son no va a ir bien para usted. El mejor caso es que te manipulan para que pienses que van a cambiar y luego experimentan un lento retorno a la forma como si nada hubiera pasado en primer lugar.

Bueno, eso no es verdad. El mejor caso, si tus padres son narcisistas, es que tendrán la capacidad de mirar hacia adentro lo que sucede y lo que lo causa dentro de sí mismos. Si realmente pueden empatizar contigo y están dispuestos a ponerte sobre sí mismos, entonces puede haber algún tipo de camino hecho. Sin embargo, no puede confiar en esta posibilidad.

Una vez que haya tenido en cuenta todas las cosas para las que confía en sus padres, si acaso, y tenga un plan claro junto con un plan de respaldo, finalmente puede comenzar a tallar algún tipo de movimiento hacia adelante. Usted necesita comenzar a actuar en su plan y avanzar hacia la mitigación del contacto con sus padres o cortarlos por completo.

En las etapas iniciales de este proceso, invariablemente tratarán de culparte por lo que estás haciendo. Por ejemplo, dirán cosas como "Algún día estaré muerto, y desearás que no hayas hecho esto" o cosas manipuladoras similares para hacerte sentir mal por cortarlas. Incluso pueden enviarte mensajes de texto, correos electrónicos, mensajes de voz o mensajes odiosos, amenazantes o tóxicos en las redes sociales. Pueden tratar de empeorar tu posición con cualquier miembro de la familia con el que estén en contacto calumniándolos y inventando cosas sobre ti.

Lo más importante es que, en primer lugar, te tomas el tiempo para prepararte mentalmente para cualquiera de las contralas que esperas de ellas y que tomas medidas para mitigarla antes de que tenga la oportunidad de suceder. Cortar a un padre o padres es una de las decisiones más difíciles que uno tendrá que tomar, pero si desea la oportunidad de seguir adelante con su vida y realmente empezar a lidiar con el trauma que le han infligido, puede ser la única manera adecuada de lidiar con su padres narcisistas.

Capítulo 8

------ ❧❦❧ ------

Recuperación

Es posible que se pregunte por qué la mayor parte de este libro es sobre el daño en lugar de la parte muy importante de la recuperación. Volver atrás y entender lo que sucedió es una parte grande y muy importante de la recuperación. Entender cómo y por qué experimentaste tu existencia de la manera en que lo hiciste, y la dinámica de las manipulaciones narcisistas, es el comienzo del proceso de curación.

Tienes que tomar este viaje por ti mismo, no importa lo doloroso que pueda ser a veces. Tienes que averiguar de dónde vinieron tus patrones de comportamiento. En lugar de experimentar emociones en un estado infantil, serías capaz de calmar al niño que eras y tomar un control de tus reacciones y emociones como una persona adulta.

Este viaje requiere tiempo y esfuerzo, pero vale la pena. Es muy poco probable que los narcisistas cambien porque son incapaces de ver cuánto les pasa, pero puedes cambiar.

Pasos para la recuperación

SIN CONTACTO

En mi caso, ningún contacto fue una elección fácil. Pero si usted es una persona joven hay otras cosas a considerar.

Irse físicamente no es suficiente y tienes que estar lo suficientemente bien como para hacerlo por tu cuenta. Hubo un tiempo en que no pude escapar debido a la depresión y las crisis mentales.

Si usted no está en un estado para hacer frente por su cuenta que necesita para recuperarse lo suficiente primero. No es imposible. No te apresures en nada. Para ti hay técnicas que puedes usar para minimizar el daño de vivir con un narcisista.

Podría ser aún más beneficioso si puedes sacar a los narcisistas de tu cabeza incluso cuando están a tu lado. Recuerda, es tu decencia, tu culpa, tu buena naturaleza lo que los alimenta. Si descubres cómo te manipulan, puedes prevenirlo e incluso manipularlos hasta que puedas encontrar una forma más saludable y feliz de serlo.

Aprenda sobre esas técnicas, por ejemplo, la técnica de "observar, no absorber" y la técnica de "piedra gris".

Aprende todo lo que puedas sobre el trastorno. No desafías directamente al padre narcisista con lo que has aprendido. No tiene sentido, y es peligroso en esta etapa. Resiste el impulso, aunque podrías experimentar fuertes sentimientos de ira y dolor. Recuerda que tu objetivo es mejorar. La recuperación debe ser tu objetivo, no derribar al narcisista.

Una vez que sepas más usando la técnica 'observar, no absorber', puedes ver a través de la manipulación y no estar afectado. Comienza a entender las razones por las que se comportan de la manera en que lo hacen y por qué reaccionas a ellos de la manera que lo haces.

La "piedra gris" se trata de no alimentar al narcisista con tus emociones. No los provoques, aunque tratarán de sacarlo de la mejor manera a medida que mejores.

Haga lo que uno debe hacer para alejarse de cualquier abusador cuando esté agotado y mentalmente incapacitado : hacer un plan realista de escape, o podría empeorar las cosas. Mientras tanto, sigue aprendiendo sobre el narcisismo y sobre las técnicas para mejorar tu salud mental. No trates de explicar a los monos voladores cuáles son los narcisistas. Es tu primer objetivo ayudarte a ti mismo, y una vez que estés sano puedes ayudar a los demás.

Si usted es un hijo adulto de un narcisista

Si eres un hijo adulto de un narcisista, entonces no hay duda: no vayas a contactar. No trates de explicarles nada, sólo vete. Tienes tu propia vida, cortas cualquier contacto y mantente alejado de tu disfuncional familia de origen. Nada vale la destrucción mental que causan. Terminarán peor, y tú tienes todo para ganar.

El punto que estoy tratando de hacer es que si usted es incapaz de relajarse cuando está con su familia de origen, si se siente miserable debido a ellos, entonces usted no tiene que quedarse. Has sido condicionado a no creer en tus sentimientos. Pero si te sientes mal cuando estás con ciertas personas, no son buenas para ti. Si puedes evitarlo, no te obligues a estar cerca de ellos por ningún falso sentido del deber o miedo.

No puedo repetirlo lo suficiente: no se explique al padre narcisista. No tiene sentido entrar en argumentos verbales. Ellos florecen en ella, y tú sufrirás. No pele es contra ellos directamente. Ellos jugarán con la víctima, y son manipuladores expertos capaces de alimentarse de cualquier atención, siempre y cuando estén de alguna manera todavía involucrados en su vida.

Siempre y cuando tengan acceso se alimentarán de tus emociones. Si tienes que hablar con ellos, mantente distante y no les des información sobre ti mismo. Sólo di que no deseas tener ningún contacto con ellos, y eso es todo.

Una victoria contra un narcisista es vivir una buena vida.

Tienes que aprender a seguir con tu verdad, te creas o no. Los narcisistas encubiertos no son obvios para la mayoría de la gente. Comienza el proceso de curación y trabaja en una nueva forma de pensar y sentir acerca de ti mismo.

Vas a conocer a otros narcisistas, no los dejes entrar en tu vida. Y si lo haces, tienes que emplear las técnicas de "piedra gris" y "observar pero no absorber", y tratar de deshacerse de ellas.

Lo más importante, perdónate por cualquier error que hayas cometido en el pasado. Sobreviviste, y estabas bajo ataque desde que naciste. Se necesita a alguien con habilidad, sentido e intuición. Abraza quién eres, incluso cuando te sientas frágil y agotado.

El perdón se usa a menudo en un sentido religioso – perdona a aquellos que te han hecho daño. Esto no es lo que quiero decir. Las víctimas de abuso narcisista tienden a castigarse a sí mismas por ser estúpidas y no averiguar antes cuál era el juego narcisista. Esto es sólo una repetición de un mal patrón de pensamiento. Nunca fue tu culpa, pero perdonar se trata de dejar ir y seguir adelante. Acépate y respétate.

No creas que los narcisistas cambiarán

Una vez que te escondes, el padre narcisista tratará de recuperarte con todo tipo de pretensiones. No te engañes, no otra vez. Tu familia tóxica tiene roles, y todo lo que hacen es empujarte de nuevo al papel de Chivo expiatorio. No les des ninguna información sobre ti mismo y no trates de explicar nada.

Otras cosas que debe saber sobre no tocar

Como mencioné antes, alejarse físicamente de los narcisistas no te sanará solo. No importa lo lejos que vayas, su veneno está dentro de ti. Es sólo el primer paso, entonces tienes que pasar por un proceso de curación. Si vienes de una familia narcisista tienes que repensar todo el sistema de valores inculcado en ti y dejar de sentirte inferior.

Y a medida que te liberes de la ilusión narcisista y de tu familia disfuncional, experimentarás mucho odio que viene hacia ti del padre narcisista y sus monos voladores. Y serás juzgado injustamente por personas que no estén lo suficientemente cerca como para saber cuál es la verdadera historia. Tienes que superarlo y aprender a quedarte con tu verdad.

Sí, sé lo profundo que es el deseo de la infancia complacer. Pero piénsalo: Si eres querido por un narcisista, tienes que preocuparte. Si te odian, es porque lo estás haciendo bien y ya no estás jugando sus juegos enfermos.

Lo mismo ocurre con los monos voladores: no valen la pena. Muévete. Incluso de parientes cercanos - no es su trabajo para salvarlos del narcisista. En primer lugar tienes que salvarte.

Tienes que aceptar que no todas las personas son buenas, y no todas las madres son buenas. La mayoría lo son, y las madres son muy importantes, y es por eso que las pocas desafortunadas tienen que lidiar con un mundo de dolor.

Inicio del proceso de curación

Hay cosas que debes tener en cuenta y cosas que debes evitar.

Volver a los primeros recuerdos y revisarlos es un buen lugar para empezar. Es donde tu cerebro no querrá ir al principio, pero es una parte necesaria del proceso.

Una vez que empieces a entender el daño que hizo el abuso de la infancia, vas a sentir una ira abrumadora. Enfadarse, pero no actúe en ello. No estarás en un estado para tomar decisiones acertadas sobre qué hacer. Recuerda, tu ira disminuirá con el tiempo.

No tengas miedo de sentir tus emociones, siempre y cuando no te controlen. Sé honesto y trata de verbalizar lo que sientes, porque te han hecho ignorar tus sentidos y tus necesidades. Cuando experimentes sentimientos abrumadores, pon la mano sobre el pecho y di en voz alta cómo te sientes. Esto funciona para la ira, y para cualquier otra emoción fuerte. Sólo decir lo que sientes lo reduce a la mitad.

Tienes que pasar por un proceso de duelo, apenado la pérdida del tiempo y la pérdida de la esperanza de que alguna vez tendrás buenos y solidarios padres. Ir a través de los escenarios sin retener, hasta que esté listo para dejar ir.

No rompas ningún contacto. Aprende técnicas para mejorar tu vida diaria y combatir el estrés y el trastorno de estrés y complejos.

Amarte incondicionalmente, porque vas a cometer los viejos errores unas cuantas veces más. Es fácil caer en el viejo patrón de comportamiento cuando estás estresado y cansado. Sé muy amable y paciente contigo mismo cuando lo hagas, trata de calmar al niño dentro. Tus reacciones a tus errores harán la verdadera diferencia en el tiempo.

Como regla general, no trate de explicar a las personas que nunca han sufrido abuso narcisista. Tienen que experimentarlo, o estar muy afinados emocionalmente, para entender su dolor. Otros empáticos, o personas con experiencias similares, entenderán y encontrar una comunidad en línea con la que compartir es lo mejor que puedes hacer.

Alguien que nunca ha sido una víctima y está leyendo esto podría decir que los narcisistas son tantas víctimas como las personas que destruyen, porque tuvieron algún tipo de infancia anormal. Tienen derecho a su opinión, pero no a decirle cómo manejar su situación.

Si eres víctima de un padre narcisista, para ti y para mí, hay reglas diferentes. Nunca sientas pena por un narcisista. Tenemos nuestro propio trastorno, y nos convierte en una presa de tipos y usuarios depredadores. Somos lo que buscan, porque los narcisistas no pueden quitarnos a una persona normal tanto como pueden.

Cómo manejar el crítico interno

El crítico interno es la voz crítica dentro de su cabeza moldeada por la actitud del padre narcisista. Una vez que entiendas lo dañino que es puedes cambiarlo atrapándolo mientras trata de bajarte y cambiar conscientemente el mensaje a uno positivo y cariñoso.

Sé paciente. La voz interior se formó en sus años juveniles y vino con la posición de control edísgica narcisista. Se forma con la verguenza tóxica de trabajar en su contra en beneficio del padre.

Para entrar en el hábito y desarrollar una voz interior positiva, tienes que practicar diciéndote cosas positivas a ti mismo. Desarrolla un mantra que funcione para ti y repítelo cuando te estreses.

Trate de aprender a amar todos esos defectos que utilizó para castigarse a sí mismo, amar su cuerpo como es. Llevará tiempo, pero una vez que consigas cambiar tu mentalidad experimentarás un enorme alivio y una sensación de libertad.

Flashbacks emocionales

Es posible que nunca hayas oído hablar de flashbacks emocionales, pero cuando eras hijo de un narcisista es más que probable que los hayas experimentado.

Esos son recuerdos de momentos a vergonzantes y humillantes de tu pasado. Pueden aparecer en tu cabeza en cualquier momento y hacer que tu mente vuelva a experimentarlos.

Desde momentos embarazosos en la escuela, hasta percances de tráfico, errores sociales. Todas esas veces que no realizaste están regresando en un instante, y eso no hace más que alimentar la vergüenza tóxica.

Es algo que hace la parte vieja del cerebro, y está buscando peligro. Por eso sigue repitiendo esos momentos que encontraste tan angustiosos una y otra vez.

Cuando tienes un flashback emocional, los músculos se contraen, la respiración se vuelve superficial, el corazón late más rápido, y se siente como una quemadura aguda en la mente y te hace estremecerte y retirarte tanto mental como físicamente.

Algunos recuerdos se almacenan en un estado infantil, tal como fueron experimentados. Otros desencadenan el estado de vergüenza tóxica que está incrustado en la mente de la gente.por favor. Ser humillado está registrado como peligro en tu mente, porque estaba en la familia narcisista.

Lidiar con Flashbacks Emocionales

Para combatir su efecto, aprende a reconocer los flashbacks emocionales y reconoce que estás teniendo un flashback.

Entonces respira hondo y hazte llegar al presente. Di 'estoy teniendo un flashback' en voz alta si es necesario. Pon tu mano en tu pecho. Recuerde que está a salvo y bien ahora, y que tiene una opción de cómo sentirse. Esos flashbacks son inútiles y dañinos, y son el resultado de la disfunción y el odio propio.

Relaja tu cuerpo y sé muy compasivo con ti mismo. Examinar conscientemente de dónde vino, y tratar de señalar los problemas subyacentes que desencadenan la ola de la vergüenza tóxica.

Sin la vergüenza tóxica, los flashbacks son sólo experiencias humanas, y todo el mundo tiene experiencias como esa. Se supone que no debes ser perfecto o mejor que todos para importar, este fue el veneno del abusador narcisista que te avergonzó de tu mente. Sé compasivo y muy amable con ti mismo.

Eventualmente, moverás tu reacción al lóbulo frontal, repensarás el peligro y reaccionarás con la razón en lugar de con la emoción y el miedo.

Capítulo 9

Sanación del narcisismo

El efecto de la negligencia emocional y física de una madre narcisista puede ser desastroso si no encuentras una salida.

Antes incluso de tratar de recuperarse de las heridas, primero debe notar que tiene una herida que sanar y que la herida fue causada por el abuso de su madre.

Estos son los signos de que tienes una herida para sanar:

1.   No puedes superar el perfeccionismo

Usted tiene la necesidad de hacer más y más de lo que es saludable y apropiado, o necesario. Esto significa que usted tiene la unidad de ser perfecto todo el tiempo, incluso en situaciones en las que sólo necesita ser promedio. Esto es generalmente una estrategia para hacer frente y sobrevivir y está dirigido a hacer que sobreviva y obtener la reacción que anhela.

La actitud perfeccionista tiene que ver con las habilidades que has obtenido de tus padres, que si no eres perfecto, no servirás en la familia.

Lo malo es que muchas personas enseñan a sus hijos que una buena crianza se trata de empujar a sus hijos a ser excelentes en todo lo que hacen.

2.   No puedes decir que no

Estás aterrorizado por el aspecto de decir que no, incluso cuando sabes que no tienes la capacidad de hacer algo. Sabes que si niegas lo que el padre quiere, te enfrentarás a mucho ridículo y vergüenza. Los padres incluso los abandonarán sólo porque los han defraudado.

3.   Usted establece la barra demasiado alta para cualquier tarea.

Los logros deben ser medibles y fáciles de manejar. Si te encuentras logrando algo pero sientes que quieres llevarlo un poco más alto, entonces necesitas obtener algo de ayuda.

4.   Te sientes como tu madre

Si dices algunas palabras y recuerdas lo que tu madre dijo hace algún tiempo, y entonces eres como ella, necesitas salir del bucle. Cuando creces en una relación abusiva narcisista con tu madre, los comportamientos generalmente te frotan, y te encontrarás comportándote como ella todo el tiempo.

5. Rechazas los desafíos

Si alguien tiene las agallas para desafiarte, siempre aclaras que no lo quieres o que la gente no te respeta en absoluto. Empiezas a disgustarlos y a rechazar sus avances en exceso. Esto significa que no toleras ninguna competencia de nadie.

El viaje emocional a la curación

Antes de que puedas tomar el proceso de curación, pasarás por varias etapas del dolor que determinarán cómo funcionan las cosas para ti. Aquí están las etapas.

· Aceptación

Primero tienes que aceptar que tu padre era un narcisista. Tienes que mirar hacia atrás y luego saber que el padre tenía amor y empatía limitados para ofrecerte, y es por eso que te convertiste en la persona que eres hoy. Esto significa que te das cuenta de que hay un problema que debe ser manejado antes de que puedas sanar.

· Negación

Aquí, niegas que la madre que tanto amabas no era capaz del amor que necesitabas. Recuerda que cuando eras niño, anhelas que el amor sobreviva, lo que significa que si lo niegas, entonces puedes empezar a mirar las cosas de una manera totalmente diferente.

- Negociación

Tienes que darte cuenta de que has estado negociando con la madre narcisista toda tu vida, tanto interna como externamente. Has estado esperando y deseando que la madre pudiera cambiar para mejor, pero no ha funcionado como querías. Has intentado tantas cosas a lo largo de los años para recuperar su aprobación y amor sin nada.

- Ira

Una vez que te des cuenta de que has estado lastimando por tanto tiempo, te enojarás y te enojarás. Ahora te das cuenta de que tus necesidades emocionales no fueron satisfechas por la persona en la que más confiabas y que si las cosas hubieran ido al revés, habrías sido una mejor persona.

Te sentirás enojado con tu madre por llevarte a través de un momento difícil, y te enojarás contigo mismo por permitir que tu madre se aproveche de tu mente joven.

- Depresión

Este es el punto en el que sientes una tristeza intensa porque te has dado cuenta de que este no es el tipo de padre que querías, pero no tenías nada que ver con ello. Te resignas al hecho de que tu madre nunca será tan amorosa como esperas que sea. Dejas de perder cualquier expectativa que hayas tenido durante años y luego lamentas la pérdida de la visión.

Cuando pases por estas etapas, te darás cuenta de que rebotas de una etapa a otra, y si descubres que no estás aceptando el hecho, necesitas volver atrás e intentar la etapa de nuevo. Esta es la única manera apropiada de llorar. No vayas a la etapa de recuperación hasta que hayas pasado por estas etapas, y hayas aceptado que tu padre tenía una limitación. Para que funcione mejor, prueba y haz un diario de los sentimientos que experimentas. Hable con sus seres queridos y cuide de sí mismo durante todo el proceso.

Las soluciones a la curación

Echemos un vistazo a las diversas soluciones que debe seguir para que sane su cuerpo y mente del abuso narcisista de una madre.

1. Desarrollar la autocompasión

    Podría ser un gran desafío para algunas personas desarrollar la autocompasión. Esto se debe a que podría desencadenar algunos recuerdos emocionales para las personas que han estado expuestas al abuso donde la compasión se utilizó como una configuración para el ataque. Esto también puede resultar difícil si creciste en un hogar emocionalmente descuidado o nunca has recibido compasión.

    Desarrollar la compasión es un gran negocio porque, en muchos hogares, la compasión podría faltar en algunas áreas. El niño podría crecer sabiendo que la compasión no es algo que necesita ser parte de sus vidas.

Para desarrollar compasión, trata de ser paciente para que puedas tener esa bondad hacia ti mismo. Trata de entender lo que le dirás a otra persona en una circunstancia similar, o lo que las acciones de un amigo te han ayudado en el pasado.

2.   Elimina tu vergüenza interior

Su hijo interior siempre está esperando que se vuelva inteligente, talentoso y útil, pero usted no tiene que tener voluntad para hackearlo. Seguirás tratando de ganar la aprobación del padre, lo que a su vez te hace autocriticar a ti mismo.

Debido a las constantes conversaciones sobre el fracaso en sus círculos, usted tendrá un niño interior que está herido y confundido. Seguirá criticando todo lo que digas o hagas.

Elimina la vergüenza tratando de ser vulnerable a las personas que te rodean. A medida que comiences a crear conexiones y a desarrollar vínculos con las personas cercanas a ti, te abrirás y las cosas mejorarán.

3.   Aprende a confiar en ti mismo

Trate de aprender a confiar en sus decisiones, opiniones y otros aspectos que lo convierten en un ser humano. Comienza a tratarte bien porque las personas que están cerca de ti no te tratarán de la manera en que quieres que te traten. Ya que has estado en una relación abusiva con una madre, podrías terminar perdiendo el papel si cuidas adecuadamente.

Cuando aprendas a confiar en ti mismo, también podrás confiar en los demás. Usted será capaz de hablar con las personas de la manera correcta y desarrollar el tipo correcto de relación con ellos.

Deja de rechazarte a ti mismo y trata de reparar el daño que un padre causó.

4.   Cuídate a ti mismo

El padre con NPD se ha asegurado de que solo te concentres en ellos e ignores lo que puedes hacerte a ti mismo. Esto significa que estarás condicionado a enfocarte en la parte externa y luego evitar mirar profundamente en ti mismo. Al final de todo, usted encontrará que usted descuida sus necesidades emocionales y físicas, lo que a su vez conduce al fracaso.

Comience el viaje hacia el autocuidado. Ten esa paz interior que te hará cambiar tu vida para mejor. Tenga una lista de cosas felices que desea hacer cada día para cambiar su perspectiva hacia la vida.

5. Educarse a sí mismo

Una vez que te des cuenta de que tu madre sufría de NPD, trata de aprender acerca de la afección para que sepas con qué estás tratando.

Imagen: conozca el tema

El conocimiento es poder, y cuando tengas buena información de foros de chat, blogs y libros, podrás manejar el proceso mucho mejor. Con el tipo correcto de apoyo, entenderás lo que has pasado y lo que debes hacer para sanar.

6. Conozca su papel pasado

Tienes que entender qué tipo de papel jugaste en la fantasía de tu madre. ¿Eras el niño de oro o eras el chivo expiatorio? Todo lo que necesitas entender es que has sido parte de una trama que fue orquestada por tu madre, y necesitas encontrar una salida lo antes posible.

Una vez que conozcas tu papel, necesitas trabajar con los otros hermanos para crear un frente unificado contra ella. Cuando todos los miembros de la familia entiendan lo que está pasando, y se les ocurrió la estrategia correcta, serán capaces de manejar la situación mucho mejor en comparación con ir solos.

Si no confías en tus otros hermanos o no estás unido, tendrás que encontrar una manera de cerrar a los otros miembros y protegerte en el proceso de recuperación.

7. Tener límites

Las madres narcisistas no reconocen los límites que les establezcas. Te ven a ti y al resto de la familia como una extensión de ellos para controlarlos y manipularlos. Ya seas el chivo expiatorio o el niño de oro, necesitas idear límites y afirmarlos.

Inste límites saludables y asegúrese de que sean respetados por la madre y otros miembros de la familia.

8. Deja de culparte a ti mismo

Si has sido el chivo expiatorio, siempre tiendes a culparte a ti mismo cuando algo sale mal. Deberías dejar de sentirte culpable por las cosas que están fuera de tu control. En su lugar, trate de encontrar una manera de dejar de culparse a sí mismo y hacer valer su autoridad.

Capítulo 10

−−−−− ❧❧❧❧ −−−−−

Cómo las manipulaciones influyen en su mentalidad

La manipulación es una de las principales tácticas que una madre narcisista usará para controlar e influir en la mentalidad de su hija. Ya sea que su hija sea adulta o un niño que crezca, las madres aplican diversas tácticas encaminadas a hacer valer su control y autoridad sobre sus hijas.

Aquí, discutimos varias tácticas de manipulación dañinas, lo que la madre pretende lograr, y cómo se puede identificar y superar como una hija.

Tácticas madres narcisistas utilizan para manipular a sus hijas y dominarlas

Los niños que fueron criados por padres narcisistas han pasado por toda una vida de abuso. Una madre narcisista carece de empatía y explota a su hija para su agenda. En la mayoría de los casos, esta madre se niega a someterse a tratamiento para alejarse de su comportamiento destructivo.

Exponen a sus hijos a malos tratos psicológicos mientras intimidan, manipulan, coaccionan, controlan y aterrorizan.

Los hijos de padres narcisistas están tan traumatizados, y se ponen en riesgo de suicidio, depresión, ansiedad, baja autoestima, abuso de sustancias y trastornos de apego.

Si una hija de una madre narcisista se mantuviera en contacto con su madre, incluso como adulta, seguiría experimentando el mismo abuso y manipulación en su edad adulta. Sin embargo, como adulto, puedes separarte. Puedes buscar tratamiento, reducir el contacto con tu madre y buscar métodos de afrontamiento alternativos.

Una madre narcisista utiliza diferentes tácticas de manipulación para controlar e influir en la mentalidad de su hija. Aquí, discutimos las diferentes tácticas que una madre narcisista usará en su hija y consejos sobre mecanismos de afrontamiento y cuidado seguro para la hija.

Chantaje emocional

Una madre narcisista ha dominado el arte de exigir le a su hija en forma de petición. Si la hija dice que no o pide tiempo para pensar a través de él, la madre pone presión sobre ella y amenaza consecuencias feas. Si la hija se mantiene firme y se niega, castigará a su hija a través de un tratamiento silencioso, el enfrascamiento, la retención de cosas importantes, el sabotaje y, en algunos casos, la violencia.

Por ejemplo: Tu madre narcisista puede llamarte para decirte que viene a visitarla, pero como conoces sus formas abusivas y tu horario no permite la visita, rechazas su solicitud. En lugar de respetar tus deseos, tu madre empezará a hablar de cómo te cuidó, de cómo eres desagradecida, de cómo sacrificó mucho para verte donde estás, pero, ahora, no tienes tiempo para ella. En este punto, ella no le importa cuáles son sus razones, pero desconectará el teléfono y decidirá no hablar con usted durante semanas.

Cómo afrontarlo: Debes saber que estás dentro de tus derechos para decir que no y proteger tus límites. Tienes derecho a protegerte de las formas abusivas de tu madre narcisista y de los miembros de tu familia. No cedas a sus manipulaciones; permitirle enfadarse o quedarse en silencio, y cuando esté lista, ella tenderá la mano. No, en ningún momento, te permitas discutir tu decisión, y si deja mensajes manipuladores, ignóralas hasta que se dé cuenta por sí misma que necesita respetar tu espacio.

La culpa

Muchos padres narcisistas usan el miedo, la obligación y la culpa para manipular a sus hijos. Esto es también lo que una madre narcisista usará en su hija. Ella invoca la culpa en ti para que hagas lo que ella está pidiendo por su bien, sin tener en cuenta tus necesidades personales.

Por ejemplo: Tu madre narcisista te recuerda constantemente que estás envejeciendo pero sin un hijo de marido. Ella te recuerda constantemente que tienes la obligación de dar a sus nietos. Si te atreves a decirle que su matrimonio no es tu prioridad mientras seas feliz, es probable que te azote, condenándolo por querer que muera sin nietos. Te dice que si te preocupa sin ella, tendrías hijos. Ella te dice que toda su vida. Se sacrificó para verte tener una familia, pero te niegas a dar a sus nietos. Ella te dice que es una pena y una desgracia que no estés casado a tu edad y, peor aún, no tengas hijos.

Cómo afrontarlo: Con este tipo de charla, es probable que te sientas culpable. Sea consciente de estos sentimientos y deséchelos. Evalúate a ti mismo y pregúntate si tienes algo de lo que sentirte culpable y avergonzado. Recuerde, usted no ha infligido ningún dolor o daño a ellos. Eres libre de vivir tu vida como quieras, siempre y cuando no estés lastimando a otra persona. Tienes derecho a tus decisiones. Puede que no acometen a tu madre, pero son tus elecciones, y tú debes ser el dueño de ellas. Vive tu vida en tus términos.

Avergonzando

Una madre narcisista y tóxica usa la vergüenza para manipular a su hija. Ella degradaba y menospreciaba en privado y en público. Ella conoce tu debilidad y la usa para derribarte. Esta es una herramienta de manipulación muy eficaz. Usando los defectos de su hija para avergonzar a sus inseguridades aumenta, y para que ella lo haga, ella acepta hacer lo que la madre le pida para que no se le recuerden sus defectos.

Por ejemplo: Usted está teniendo una reunión familiar, y en medio de divertirse e interactuar con otros miembros, su madre se encarga de usted para discutir sus problemas de peso. Puede que tengas éxito, pero eso no es suficiente. Ella te avergonzar delante de todos en cómo no sabes cómo cuidarte, y acabarás muriendo por tu peso. Sabes que tienes sobrepeso, y has luchado con esto por mucho tiempo, pero a ella no le importa cómo te sientas. Dice que le estás avergonzando al parecer un globo y no siendo un buen modelo a seguir para tus hijos.

Cómo afrontarlo: Cuando tu madre empiece a avergonzarte de esta manera, reconoce el dolor emocional que te trae. Si sientes que te estás volviendo impotente bajo su ataque, haz todo lo posible para alejarte de esa situación y recuperar tu poder. Bajo ninguna circunstancia, deberías dejar que sus tácticas vergonzantes funcionen en ti. Hazle saber que ya no puede avergonzarte, y dile que si continúa, entonces no tienes razón para volver a vernos. Recuérdele que estás orgulloso de ti mismo, y no tienes nada de qué avergonzarte.

Comparación y triangulación

A una madre narcisista le gusta comparar a su hija con las hijas de otras personas para seguir disminuyéndolas. Ella quiere que su hija luche por su aprobación y atención constantemente haciéndola sentir que no es lo suficientemente buena. Ella quiere que su hija forme la mentalidad de que los demás son mejores que ella.

Por ejemplo: Tu madre te llama para decirte que la hija de tu vecino acaba de ser pareja en su bufete de abogados, y ella se va a casar. Luego añade un comentario, preguntando qué estás haciendo con tu vida y cuándo la vas a hacer sentir orgullosa.

Cómo hacer frente: No permita que sus pequeñas comparaciones te estresen. Recuerda que estás corriendo tu carrera a tu velocidad y haciendo lo que te hace feliz. Sepa que está tratando de socavarte. Cambiar el tema o interrumpir la conversación. Dile que no aprecias su comparación y que estás feliz por lo que tu vecino ha logrado. No te dejes discutir con ella porque te frustrará.

Iluminación de gas

Esta es una de las tácticas de manipulación más comunes que las madres usan contra sus hijas, como se mencionó anteriormente. Con esta táctica, una madre tóxica distorsiona la realidad y niega cualquier forma de abuso si la llamas. Con esto, ella te hará sentir que eres el narcisista para siquiera pensarlo.

Por ejemplo: Tu madre llama para dejarte un mensaje abusivo y más llamadas perdidas. Esto se debe a que no pudo hacer algo por ella. Ella decide seguir castigándote por ello, y cuando te enfrentas a ella con respecto a ello, ella lo rinde, diciendo que estás haciendo un gran negocio de la nada. Ella decía que sólo hizo una llamada, y su mensaje no fue abusivo. Te hace sentir como si eras la loca, y te imaginaste todo eso.

Cómo cope: Si tu madre usaba esta táctica a menudo cuando eras un niño, lo más probable es que sufras de dudas. No ceda a esta manipulación; en cambio, observe cuando las afirmaciones falsas de su madre narcisista no coincidan con la realidad. Cuando sospeches que una situación es abusiva, anota la cuenta y busca ayuda con un terapeuta para identificar el problema. Vuelve y evalúa otras incidencias de iluminación con tu madre, y ve las por lo que son y no por lo que ella te dice que son. No lo cubra para hacer frente.

Refuerzos de terceros

Cuando una madre narcisista se da cuenta de que su hija está ganando independencia y no puede ser fácilmente manipulada, lleva su manipulación más allá buscando refuerzo. Ella convencerá a una amiga de que tienes un problema y te enfrentarás en su presencia. Cuando el amigo apoya a tu madre, empiezas a dudar de ti mismo, y la culpa comienza a acumularse. Al final, terminas haciendo lo que ella quería a pesar de tus propias necesidades.

Por ejemplo: Cuando empiezas a trabajar, tu madre puede pedirte dinero. Si le dices que no tienes ninguno, ella podría decir que no tenía nada cuando estabas creciendo. Incluso le preguntaba a su amiga si recuerda cómo tuvo que hacer tres trabajos e irse sin dormir para que su hija pueda ser feliz. Con el refuerzo de su amiga, empiezas a preguntarte si eres injusto con ella.

Cómo hacer frente: Estar alerta sobre todas las tácticas que su madre va a utilizar. Si sabes que realmente no tenías más que darle, no permitas que te manipule de esta manera. Sólo puedes dar dinero si tienes extra y fuera de un corazón dispuesto, no de manipulaciones. Tenga en cuenta que era su obligación proveer para usted cuando era niño, y ella no puede usar eso para manipularlo.

Convertirse en víctima

Una madre narcisista siempre querrá interpretar a la víctima, a pesar de que te está manipulando. Puedes decirle a tu madre que sientes que no te entiende o empatiza con tus sentimientos. En lugar de escuchar, ella te dará la vuelta y te culpará diciendo que ha hecho todo lo posible para que te sientas apreciado, pero no puedes conseguir suficiente. Ella te dirá que ella hace todo lo posible para escucharte y aconsejarte, pero tú no escuchas.

Por ejemplo: Tratas de decirle que no aprecias cómo usa tus defectos para avergonzarte, tanto en privado como en público. En lugar de oír eso, ella lo cambia para decir que ha estado tratando de que veas cómo puedes mejorarte a ti mismo, pero te quejas en su lugar. Puede decir que todo lo que quiere es tu felicidad, y no importa lo que haga, pareces no ver que tiene buenas intenciones.

Cómo afrontarlo: Recuerda siempre que tus sentimientos son válidos. Vea la manipulación para lo que es. Avergonzar a una persona no está ayudando. Si quiere ayuda, puede preguntarte cómo la necesita y te guía a través de lo que está pasando, pero cuando te critica y te avergonza, rehúye ser manipulada. Ten en cuenta cuando empieces a pensar que la habías lastimado cuando fuiste tú quien fue herido. Ver la manipulación para lo que es, y negarse a ser empujado más.

Con estos signos, es más fácil para ti identificar y entender las diversas maneras en que tu madre narcisista te manipulará, y puedes resistirte a la manipulación. Llevar a un terapeuta también es una buena manera de hacer frente a los efectos de la manipulación. No guarde silencio sobre la manipulación. Cuando lo note, llámelo y evite intimidarse de cualquier manera. Recuerda siempre, eres la víctima, y si lo sientes, entonces hay algo ahí.

¿Por qué tu madre es narcisista?

Tu madre es narcisista, no porque haya nacido como una sola, sino porque estaba condicionada a ser una. Los hijos de padres narcisistas a menudo crecen para ser narcisistas si no se dan cuenta y rompen el ciclo. Tu madre pudo haber sido criada por padres narcisistas y sabía eso como una forma de vida.

El narcisismo, según los psicólogos, es el resultado de experiencias infantiles. Un adulto pasó por estados de desarrollo como un niño pequeño, y sus experiencias dan forma a quiénes son ahora, cómo se relacionan con sus hijos y cómo ven el mundo. Los niños pequeños que sufren negligencia o exceso de indulgencia de sus padres crecerán con esta misma percepción de la vida.

Cuando un niño es consentido en todo cuando es un niño pequeño, crecen sin saber y respetando los límites y terminan siendo narcisistas. Debido a su educación, crecen creyendo que el mundo gira en torno a ellos. Los mismos signos encontrados en la madre narcisista podrían ser los mismos signos que sus padres le mostraron.

Aquí, discutimos por qué tu madre tiene ciertos rasgos y cómo los desarrolló en comportamientos narcisistas.

- ¿Por qué se siente superior y tiene derecho tu madre?

El complejo de superioridad y el derecho es un rasgo importante en las madres narcisistas. Este rasgo se desarrolla desde la infancia. Hay algunos factores que pueden haber contribuido a que tu madre tenga estos rasgos. Si tu madre fue criada por padres que la estaban complaciendo y dándole todo lo que quería, lo más probable es que haya desarrollado la sensación de que tenía derecho a tenerlo todo, independientemente del costo. Sus padres probablemente la hicieron sentir que era más importante que nadie, así que desarrolló la misma actitud. Sin embargo, también es posible que su madre fue descuidada cuando era niña y para compensar eso, ella exige atención y quiere que todos se den cuenta de que es superior. Su objetivo no es ser ignorado, y ella tiene el poder de hacer eso a sus hijos porque lo mismo se le hizo a ella.

- ¿Por qué tu madre necesita validación y atención?

Si tu madre fuera criada por padres que constantemente la degradaban y le decían que no era lo suficientemente buena, crecería creyendo que es incapaz de hacer algo bien o lograr algo. En todo lo que hace, querrá ser validada de que lo hizo bien porque su confianza es frágil y sufre de baja autoestima por su educación.

Por otro lado, si se le descuidó y se le negó la atención mientras crecía, vive con el miedo constante de ser rechazada y abandonada. Ella manipulará a su hija para que reciba la atención que extrañó cuando crecía porque siente que se lo merece. Ella hará cosas, no por la bondad de su corazón, sino para ser alabado y para que la gente vea que ella es importante.

1. ¿Por qué tu madre es perfeccionista?

Al crecer, se le dijo que no era buena para nada, y que ser comparada con otras puede afectar negativamente a un niño. Crece creyendo en recibir amor; debe ser perfecta. Esta demanda que se le ha puesto a una edad temprana es perjudicial y resulta en que nunca encuentre satisfacción en nada. Ella se quejará constantemente, y como resultado, también esperará lo mismo de su hija, por lo que culpará en todo lo que hace.

- ¿Por qué tu madre es tan controladora?

La necesidad de controlar es un comportamiento narcisista común entre las madres narcisistas. Esto se deriva de su necesidad de perfección de acuerdo con sus estándares. Se siente lógico que tengan el control debido a su sentido del derecho. Cuando crecían, sus madres corrían sus vidas, así que ¿por qué no hacerles lo mismo a sus hijas? Les gusta tener el control porque les hace sentir importantes y necesarios. Para ellos, tener el control afirma su autoridad. En sus mentes, creen que una madre sabe mejor porque su madre les dijo lo mismo.

- ¿Por qué tu madre no puede aceptar la responsabilidad?

A un narcisista le gusta tener el control, pero nunca se hace responsable de sus acciones. Si algo sale mal, prorratearán la culpa y afirmarán que es tu culpa porque de acuerdo con ellos, nunca has seguido las instrucciones. Según ella, sus métodos son perfectos, y nada sale mal cuando ella está en control.

Si fue criada por una madre que siempre encontró la culpa en ella, ella, por extensión, encontrará la culpa en los demás, pero nunca en sí misma. Si se encuentran en el lado equivocado de la ley; ella no tiene la culpa, sino el oficial de policía. En la mayoría de los casos, encuentra poder en culpar a aquellos que son leales y cercanos a ella emocionalmente para mantener la fachada del perfeccionismo y el control. Es más fácil para ellos culpar a los que están cerca de ellos porque saben que no es probable que la dejes, pero ella no tiene nada que ver con otras personas.

- ¿Por qué tu madre no puede respetar los límites?

Un narcisista es egoísta y tiene un sentido inflado de sí mismo. Sabe dónde están los límites, pero los ignora. Para su hija, ella siente que eres una continuación de sí misma, así que todo sobre ti también le pertenece a ella.

Es posible que cuando creciera, su madre invadiera su privacidad e hiciera amistades con sus amigos. Una madre narcisista querrá socializar con tus amigos porque quiere todo lo que tienes. Es posible que nunca se le enseñaran límites mientras crecía, y en el mismo caso, no respeta los límites con nadie, y mucho menos con su hija. Si lo señalas, ella encontrará maneras de manipularte para aceptar su invasión.

- ¿Por qué tu madre no puede empatizar con tu situación?

Un narcisista es naturalmente ensimismado. Nadie empatizó con su crecimiento, así que no entiende por qué los sentimientos de otras personas deberían preocuparla. Una madre narcisista no se disculpa, siente remordimiento sin sentir ningún tipo de culpa.

A medida que crecía, supo cómo suprimir sus sentimientos y darse cuenta de que eran una carga de niña, y espera lo mismo en su hija. En contraste, ella entiende la ira, el rechazo y las amenazas porque también las experimentó. Un narcisista no entiende el sarcasmo. Ella lo percibe como de acuerdo con lo que está diciendo. Ella no entiende cómo relacionarse con los sentimientos de otra persona porque se le enseñó cómo suprimirlos, y una demostración de sentimientos fue una demostración de debilidad.

- ¿Por qué tu madre no entiende la lógica excepto sus emociones?

Usar la lógica para explicar a un narcisista cómo su comportamiento te afecta o te duele es una pérdida de tiempo. Puede decir que lo entiende, pero la verdad, no lo entiende. Ella sólo es consciente de sus propias emociones y sentimientos. Si una madre tenía padres narcisistas, sólo sabía cómo ser manipulada emocionalmente, pero no cómo discutir las cosas usando la lógica.

- ¿Por qué tu madre tiene una personalidad dividida?

Este es un rasgo común entre los narcisistas. Pueden ser extremadamente buenos o malos en carácter y también en la forma en que ven las relaciones. Ellos don't aceptar la responsabilidad de algo malo, pero son rápidos para tomar crédito por todas las cosas buenas.

Una madre narcisista fue criada en circunstancias similares. Ella creía que el niño era el culpable de todo lo malo, pero si el niño lo hizo bien, fue por ella. Piensan en situaciones buenas o malas. Ella es incapaz de recordar cualquier cosa positiva en una persona, sólo los errores que una persona comete.

- ¿Por qué tiene tanto miedo tu madre?

La mayoría de los narcisistas han enterrado miedos. Crecieron siendo degradados, ridiculizados y rechazados. Su vida gira en torno al miedo a estas cosas. Una madre querrá controlar a su hija todo el tiempo para seguir siendo relevante. Ella tiene miedo de que la hija sea independiente porque significará que la hija puede dejarlos. Para ella, una hija independiente no es algo bueno porque significa abandono y rechazo.

Si una madre fuera rechazada y descuidada como un niño pequeño, siempre tendría miedo de quedarse. Ella quiere controlar todo y la vida de sus hijos para que no la dejen.

Por otro lado, un narcisista tiene miedo de la verdadera intimidad. Tienen miedo de que otros descubran sus debilidades e imperfecciones que ella sabe que tiene pero se esconde de los demás. Tienen miedo de ser juzgados y criticados porque significa que son imperfectos.

- ¿Por qué tu madre está ansiosa?

La ansiedad es una condición presente entre la mayoría de los narcisistas. Tu madre siempre teme que algo malo esté a punto de suceder. Es probable que acuse a su hija de una enfermedad mental o de ser egoísta si no sigue sus deseos. Creció les dijo que si no hacía algo, algo malo iba a pasar. Ella espera consecuencias negativas para cada acción y siempre está buscando maneras de desviarla.

- ¿Por qué tu madre está avergonzada de ti?

Una madre narcisista alberga vergüenza. Ella no se siente culpable porque cree que es perfecta y siempre tiene razón, pero te avergonzar en cualquier oportunidad dada. La verdad es que también está avergonzada. Ella siente que hay algo mal con ella y encubrirlo. Ella te averguenza de repartir la culpa por lo que siente en lo más profundo de ella.

- ¿Por qué mi madre no puede ser vulnerable?

Una madre narcisista es incapaz de entender los sentimientos. Le falta empatía y necesita protegerse de las heridas constantemente. Debido a su educación, es incapaz de ver el mundo desde la perspectiva de otra persona. Tu madre es incapaz de ser vulnerable porque está ciega emocionalmente y se siente sola, pero lo cubre. En lugar de mostrar vulnerabilidad, saltará de una relación a la siguiente. Ella desea desesperadamente que alguien vea y entienda su dolor, pero teme ser vista débil. Para esconderse, son incapaces de relacionarse con los sentimientos de los demás.

- ¿Por qué mi madre no puede comunicarse bien y hacer frente a los demás?

La comunicación requiere consideración, y la cooperación con los demás requiere una comprensión real de los sentimientos de otras personas. Si una persona no puede empatizar, es imposible comunicarse eficazmente, así como ser parte de un equipo o hacer frente a los demás.

Una madre narcisista puede alterar completamente la forma en que su hija piensa y percibe las cosas. A través de manipulaciones, una madre puede controlar a su hija para que nunca sea independiente. Conocer las diferentes tácticas que una madre usaría para manipular y controlarte te da el poder de superar y esforzarte por establecer una relación saludable con ella y con los demás.

Tal vez siempre te has preguntado por qué tu madre se comporta como lo hace. Entender dónde se originan los rasgos narcisistas y entender cómo la afectan puede ser el comienzo de la curación. Es importante entender el trastorno narcisista de la personalidad, no para condenarla, sino para ayudarla a superar sus caminos, lidiar con sus inseguridades y desarrollar mejores relaciones.

Capítulo 11

Terapia

En este último capítulo, vamos a entrar en todas las razones por las que deberías ir a terapia. No hay nada más que beneficios cuando se trata de terapia, especialmente como sobreviviente de una madre narcisista. ¡Empecemos!

Por qué la terapia es impresionante para ti

Deberías ver a un profesional de salud mental porque están en la mejor posición para ayudarte a lidiar con el dolor y el trauma de tu relación pasada con tu madre narcisista. Un terapeuta también puede ayudarte a idear los mecanismos de afrontamiento perfectos para ti, que serán de inmensa ayuda cuando sientas que el blues viene.

Un terapeuta le proporcionará un espacio seguro para que lo deje salir todo. Puedes hablar libremente sobre cómo te sientes sin sentir que estás siendo juzgado. Aún mejor, el terapeuta te ayudará a resolver la bolsa desordenada y mezclada de emociones que te tienen terriblemente fuera de lugar.

Lidiar con la depresión

La depresión no es una broma, y como hijo de una madre narcisista, por desgracia eres propenso a ella. La depresión no es tristeza. Es más. Es como una nube oscura sobre ti. Todo el mundo ve el sol, pero todo lo que ves es oscuridad. No puedes dormir bien, no comes bien, estás empantanado por la culpa y la vergüenza, y te preguntas si deberías estar respirando ahora mismo.

¿Te suena familiar? No te preocupes. Sólo ve a un terapeuta. El terapeuta puede proporcionarle la mejor modalidad de tratamiento para usted, ayudarle a sanar y crecer más allá de su pasado. También te ayudarán a encontrar mejores maneras de reaccionar a las cosas a medida que sacan las cosas, así como mejores maneras de pensar en todo lo que has pasado con tu madre.

Lidiar con la ansiedad

Si hay algo a lo que los hijos de padres narcisistas no son extraños, es la ansiedad. Cuando contratas los servicios de un psicoterapeuta certificado, pueden ayudarte a encontrar tu centro de nuevo, averiguando exactamente qué situaciones desencadenan tu ansiedad, y luego encontrando maneras de manejarlo. Ellos le ayudarán a entender por qué se siente como lo hace, y le ayudarán a pasar la ansiedad a una vida tranquila.

Tratar con pensamientos obsesivos

Tal vez encuentres que es una batalla en tu mente cuando tratas de ahogar las cosas negativas que tu madre narcisista te ha programado para creer. Podrías tener problemas para calmar su voz en tu cabeza. Además de esto, los pensamientos acerca de volver a ella, entre otras cosas simplemente pueden negarse a desaparecer. Puede ser tan persistente que incluso empiezas a soñar con ello.

Un psicoterapeuta es tu mejor opción para lidiar con estos pensamientos irracionalmente compulsivos que tienes. Ellos serán capaces de ayudarle a profundizar en las causas profundas de estos pensamientos, por lo que finalmente puede romper su retención sobre usted de una vez por todas. Además de eso, tu terapeuta puede ayudarte con mejores pensamientos de sentimiento que puedes usar en su lugar, así como técnicas para calmar tu mente y estar a gusto contigo mismo.

Ayudarle con sus relaciones

Debido al daño que te ha hecho tu madre narcisista, podrías encontrar que estás teniendo problemas con tus relaciones y amistades, ya sea debido a sus campañas de desprestigio, o por tu saboteándote a ti mismo buscando relaciones y amistades como la que tuviste con la buena madre. Un terapeuta te ayudará a aprender a encontrar y construir otros más saludables, y te enseñará cómo mantenerlos prósperos.

Ayudándote con tu carrera

Si te encuentras flaqueando en tu carrera por tu madre, o ni siquiera estás seguro de qué decisiones profesionales tomar porque dudas de ti mismo, no hay nadie mejor que un terapeuta que te ayude.

Usted merece ser apoyado

No creas que no mereces la atención y el apoyo de un terapeuta. Mereces tener una vida rica, desconfiada por tu pasado con tu madre. Mereces vivir tu vida al máximo. Mereces ser curado. Por favor, vea a un terapeuta. Consigue la ayuda que mereces, ahora.

Conclusión

Felicidades por llegar al final de este libro electrónico. Este libro ha sido escrito específicamente para ti, como una hija que trata con una madre narcisista, y como padre, tratando de entenderse a sí misma. Es posible que hayas estado luchando emocionalmente durante muchos años con tu relación con tu madre. Sentiste que algo ha estado mal, y necesitas encontrar una solución. Tu vida ha sido una serie de recuerdos y episodios dolorosos, y quieres hacerlo bien.

Después de leer este libro, es hora de tomar el control de su vida. Has vivido bajo el control y la manipulación de tu madre; probablemente se lo esté haciendo a su hija, y todas sus relaciones se ven afectadas. Es hora de poner fin al ciclo del narcisismo en tu familia. Con la información que ha recibido al leer este libro, ahora puede identificar cómo se relaciona con su madre o hija o incluso con su nieto. También puede ayudarte a entender cómo te relacionas con otras personas. Este conocimiento te ayudará a buscar ayuda para evitar que el dolor afecte tus vidas y forje relaciones más saludables, avanzando.

El libro también ha dado ideas para entender que si tu madre te manipulaba y controlaba, ella no siempre lo hacía intencionalmente, sino que sufría de un trastorno narcisista de la personalidad. Cuando conozcan la causa raíz del comportamiento, juntos, pueden buscar tratamiento como familia y perdonarse unos a otros.

Este libro también ayuda a las madres a comprobar sus comportamientos para controlar cómo se comportan. Es posible que hayas estado mostrando tendencias narcisistas hacia tus hijos pero nunca te hayas dado cuenta. A través del conocimiento de este libro, usted puede identificar y trabajar fácilmente en cualquier comportamiento narcisista antes de que aumente y dañe a su hijo.

Abrace las lecciones descritas aquí, esfuércese por sanar y anhele cumplir una relación saludable con su madre, hija, hijos y pareja.

Bueno, amigo mío, hemos recorrido un largo camino. Creo que hemos cubierto mucho a las madres narcisistas, y en este punto, ahora deberías saber sin duda que tenías razón al recoger este libro. Espero sinceramente que haya podido abrir tus ojos para que puedas ver a tu madre narcisista por lo que realmente es.

Ahora sabes lo que es, y sabes qué hacer para liberarte de sus garras, sanar y seguir adelante con tu vida. Sin embargo, saber es sólo la mitad de la batalla. ¿Estás listo para actuar? ¿Tienes miedo? Si tienes miedo, es comprensible. También es aún más la razón por la que necesita apretar el gatillo sin pensar.

Hablando por mí mismo, todas las relaciones y experiencias mágicas y maravillosas que he tenido en mi vida ocurrieron tan pronto como corté a mi familia narcisista. Leíste bien. Familia. Siete hijos, dos padres. Ese es otro libro. El punto es que sí sé por un hecho que no hay nada como la libertad y el alivio que sientes, una vez que has trabajado a través de todas las emociones asqueos.

Hay momentos en los que tal vez quieras volver con ella. Entiendo. Pero por una vez en tu vida, tienes que ponerte primero. No sólo por tu bien, sino por el bien de los niños que tendrás, o la pareja con la que pasarás tu vida, o por la buena gente que vendrá a conocerse en la vida. Sería increíble si te pones en la parte superior de esta lista - por una vez.

Puedes curarte. ¿Estás listo para hacerlo? Luego busque ayuda profesional y haga lo que tenga que hacer. Todos los sobrevivientes de la crianza narcisista te estarán arraigando. Tienes esto. Espero que algún día pronto, compartirás tu propia historia de libertad, y debido a tu historia, otras hijas e hijos que están sufriendo a causa de sus padres narcisistas tengan el valor de alejarte y recuperar sus vidas.

www.ingramcontent.com/pod-product-compliance
Lightning Source LLC
Chambersburg PA
CBHW071232020426
42333CB00015B/1437